16	3	2	13
5	10	11	8
9	6	7	12
4	15	14	1

Anne Carson

SOBRE AQUILO EM QUE EU MAIS PENSO

Ensaios

Organização
Sofia Nestrovski e Danilo Hora

Tradução
Sofia Nestrovski

editora■34

EDITORA 34

Editora 34 Ltda.
Rua Hungria, 592 Jardim Europa CEP 01455-000
São Paulo - SP Brasil Tel/Fax (11) 3811-6777 www.editora34.com.br

Copyright © Editora 34 Ltda. (edição brasileira), 2023
Copyright © 2000, 2005, 2016 by Anne Carson

A FOTOCÓPIA DE QUALQUER FOLHA DESTE LIVRO É ILEGAL E CONFIGURA UMA
APROPRIAÇÃO INDEVIDA DOS DIREITOS INTELECTUAIS E PATRIMONIAIS DO AUTOR.

Imagem da capa:
Busto duplo de Safo, ilustração do livro Histoire des grecs —
Tome I: Formation du peuple grec, *de Victor Duruy,*
Paris, Librarie Hachette, 1887

Capa, projeto gráfico e editoração eletrônica:
Franciosi & Malta Produção Gráfica

Revisão:
Camila Vargas Boldrini, Danilo Hora, Beatriz de Freitas Moreira

1ª Edição - 2023 (1ª Reimpressão - 2025)

CIP - Brasil. Catalogação-na-Fonte
(Sindicato Nacional dos Editores de Livros, RJ, Brasil)

C724s	Carson, Anne, 1950
	      Sobre aquilo em que eu mais penso: ensaios /
	Anne Carson; organização de Sofia Nestrovski
	e Danilo Hora; tradução de Sofia Nestrovski. —
	São Paulo: Editora 34, 2023 (1ª Edição).
	192 p.
	
	ISBN 978-65-5525-153-1
	
	      1. Ensaios canadenses. I. Nestrovski,
	Sofia. II. Hora, Danilo. III. Título.

CDD - 824C

SOBRE AQUILO
EM QUE EU MAIS PENSO
Ensaios

Nota dos organizadores 7

Ensaios

1. Desejo e sujeira: ensaio sobre a fenomenologia
   da poluição feminina na Antiguidade 11

2. Tempo comum:
   Virginia Woolf e Tucídides sobre a guerra 43

3. Candura 51

4. Descriação: de que modo
   mulheres como Safo, Marguerite Porete
   e Simone Weil contam de Deus 55

5. Ensaio sobre aquilo em que eu mais penso 83

6. Toda saída é uma entrada (um elogio do sono) 89

7. Totalidade: a cor do eclipse 119

8. Espuma (ensaio e rapsódia):
   sobre o sublime em Longino e Antonioni 127

9. Desprezos: um estudo sobre
   o que é e o que não é lucro
   em Homero, Moravia e Godard 139

10. Variações sobre o direito
    de permanecer calado 153

11. As Eras de Yves Klein 183

Sobre os textos 189

Sobre a autora 190

Sobre a tradutora 191

NOTA DOS ORGANIZADORES

Os textos reunidos nesta coletânea espelham os usos e as formas peculiares que Anne Carson dá ao gênero ensaio. Além de helenista e tradutora do grego antigo, Carson é autora de poemas em cujos limites infiltram-se o tom e os procedimentos ensaísticos; já como autora de ensaios, está sempre em busca de uma entrada para o poético, seja na justaposição de fontes distantes, no experimento com diferentes formatos de prosa e verso ou no modo abrupto como o ensaio se interrompe e dá lugar a uma outra coisa, a uma espécie de contrapeso lírico. É o caso de "Espuma", que se propõe a descrever o sublime como uma "técnica de documentário" e termina numa peça de ficção confessional; ou de "Elogio do sono", que termina numa Ode; ou, ainda, de "Variações sobre o direito de permanecer calado", que termina numa série de reconstruções de um poema clássico.

Esse jogo dos contrapesos é ainda mais desconcertante nos livros originais, organizados por ela mesma com uma pitada de caos metódico. Neles, os temas dos ensaios tornam a aparecer em poemas, peças dramáticas e textos cujo gênero seria muito difícil de definir, mas nós não precisamos fazê-lo, porque a autora gosta especialmente dessa tarefa. No livro *Decreation* (2005), por exemplo, "Espuma" — ensaio e "rapsódia" — é seguido de uma série de textos que Carson chamou de "sublimes"; eles levam títulos como "O sonho de Longino com Antonioni" e "Ode ao Sublime por Monica

Vitti". O grave "Descriação" é seguido de um texto homônimo, um gêmeo caótico chamado de "ópera em três partes", em que a autora imagina duetos surrealistas como o da mística Marguerite Porete e quinze inquisidores papais, ou o da filósofa Simone Weil e dez sapateadores transparentes. Nessas peças meio sérias, meio burlescas, é como se Anne Carson quisesse registrar a vida autônoma e delirante que as ideias levam à revelia do ensaio, ou depois que o ensaio acaba, ou, para usar uma imagem da autora, na mente do ensaio enquanto ele dorme.

Esta coletânea tentou — até onde sabemos, pela primeira vez — reproduzir a dança dos motivos que Anne Carson orquestra em seus livros, atendo-se, porém, aos ensaios em si. Vocês mesmos perceberão que textos como "Elogio do sono", "Desprezos" e "Tempo comum" retomam temas e referências de "Desejo e sujeira"; que a "figura triangular do ciúme", melhor explorada em "Descriação", faz aparições sutis em "Totalidade" e "Candura"; que o erro aritmético que dá origem ao "Ensaio sobre aquilo em que eu mais penso" é o que faz com que em "Descriação", descrito desde a primeira frase como um "ensaio em três partes", surja de repente uma quarta.

Nas citações que alinhavam seus ensaios, Anne Carson — na qualidade de tradutora do grego, do alemão ou do francês medieval — costuma emprestar um mesmo vocabulário a autores de diferentes tradições. Em seu universo ensaístico, vozes tão díspares quanto a de Safo e a de Simone Weil, a de Sócrates e a de Lacan, são convidadas a falar numa mesma língua e muitas vezes com as mesmas palavras. Citá-las em traduções já existentes desbancaria esse procedimento estilístico, devolvendo-as à babel de onde se partiu; foi preciso, portanto, traduzi-las a partir do inglês de Anne Carson. Não por acaso, nesta reunião de textos atravessados pela busca das "palavras certas", a peça final, "Variações sobre o direito de permanecer calado" — dedicada àquilo que a tradução não alcança —, é encerrada com uma série de traduções feitas "com as palavras erradas".

Os ensaios deste volume foram publicados em periódicos e revistas acadêmicas e depois reunidos pela autora, com alterações mais ou menos significativas, nas coletâneas *Men in the Off Hours* (2000), *Decreation* (2005) e *Float* (2016). Os textos aqui traduzidos seguem as versões dos livros. Ao final do volume pode ser encontrada uma lista com o histórico de publicação de cada ensaio.

Sofia Nestrovski e Danilo Hora

1.
DESEJO E SUJEIRA:
ENSAIO SOBRE A FENOMENOLOGIA
DA POLUIÇÃO FEMININA NA ANTIGUIDADE

TOQUES

Enquanto membros da sociedade humana, nossa tarefa cotidiana mais difícil é, provavelmente, o toque. Podemos tocar uns aos outros de modo físico, emocional, moral ou imaginário. Todo contato é crise. Como dizem os antropólogos, "o toque é sempre um golpe modificado".[1] A complicação que qualquer nível de contato instaura é a violação de um limite estabelecido, a transgressão de uma categoria fechada, à qual não se pertence. Ao que parece, os gregos antigos eram ainda mais sensíveis do que nós a essas transgressões e à importância crucial dos limites, tanto os pessoais quanto os extrapessoais, enquanto fiadores da ordem entre os humanos. A sociedade grega desenvolveu um aparato cultural complexo, com rituais como a súplica, a hospitalidade e a troca de presentes, rituais que só recentemente os historiadores e antropólogos começaram a compreender como mecanismos que definem e asseguram os limites de tudo o que existe no mundo habitável. A civilização é resultante das fronteiras, dos limites.

Numa sociedade como essa, os indivíduos que fossem considerados particularmente desprovidos de controle sobre

---

[1] Ernest Crawley, *The Mystic Rose: A Study of Primitive Marriage*, Nova York, Boni and Liveright, 1927, p. 78.

os seus limites, ou tidos como detentores de talento e oportunidades especiais para confundir os limites alheios, inspiravam medo nos outros, bem como tentativas de controle. Assim eram consideradas as mulheres na Grécia antiga, e também os suplicantes, os estrangeiros, os hóspedes e outros intrusos. Só que a ameaça representada pelas mulheres não era apenas maior em grau, era também de um tipo diferente. "Que o homem não limpe a própria pele na mesma água em que a mulher se banhou. Pois disso resultará dura punição, e por muito tempo", aconselha Hesíodo.[2] Quando voltamos a atenção para a atitude dos gregos em relação à mulher, para o modo como ela era tratada, vemos essa preocupação com os limites desde uma perspectiva singular — a da higiene, tanto física como moral. Considerações sobre a poluição, que não parecem predominar em outros rituais sociais, como na troca de presentes ou na súplica, avultam quando as crises de contato envolvem relações entre homem e mulher. Para responder por que isto se dá, temos que investigar inesperadamente a fundo, tanto sob a pele dos rituais quanto sob a pele dos indivíduos.

A transgressão feminina começa no fato social. A mulher é uma unidade móvel, o homem, não (é amplamente aceito que o casamento, na sociedade grega, era patrilocal). Desde o nascimento o cidadão masculino tem um lugar fixo em sua casa e cidade, já a mulher se move. Ao se casar, a mulher é recebida não só no coração do marido (quando o é), mas também na sua casa. É uma transgressão necessária (para legitimar a continuidade da casa), perigosa (na medida em que a casa incorpora uma grave e permanente crise de contato), e cria o contexto que torna possíveis variedades ilícitas do movimento feminino, como, por exemplo, o movimento

---

[2] Hesíodo, *Os trabalhos e os dias*, vv. 753-5.

da adúltera que deixa a casa do marido e traz danos à propriedade e à reputação masculina. O fato social da mobilidade feminina apresentou à sociedade grega uma série de problemas táticos e morais, problemas que os gregos nunca chegaram a resolver por completo mas que, durante os períodos arcaico e clássico, tentaram esclarecer recorrendo a crenças sobre a poluição e ao código de conduta que regia os *miasmata* (as profanações) em geral.[3] Ilhar a mulher, isolá-la da sociedade e de si mesma, é comprovadamente a estratégia por trás de muitas das noções, convenções e rituais que circundavam a vida feminina no mundo antigo. Para examinar essa estratégia em busca de suas práticas e sua lógica, perguntarei, em primeiro lugar, o que os antigos queriam dizer com "sujeira" e por que não gostavam dela. Depois perguntarei o que eles faziam com sua sujeira e sua aversão. Aqui serão poucos os casos em que é possível distinguir a física da metafísica, a concepção da causa. Mas se olharmos mais de perto para o dilema colocado pela sujeira feminina, começaremos a ver os contornos de uma ideologia cujos efeitos são determinantes. Essa ideologia estruturou as cerimônias de casamento da Antiguidade e um dos poemas mais famosos de Safo. Vamos por partes. Primeiro, algumas considerações sobre a lógica da poluição feminina.

---

[3] Muitas sociedades recorrem a códigos de poluição para regular e racionalizar as situações humanas em que a ordem e o sentido lhes escapam: o sexo, por exemplo. "Onde as regras morais são obscuras ou contraditórias, há a tendência de que as crenças a respeito da poluição simplifiquem ou esclareçam a questão", afirma Mary Douglas, em *Purity and Danger: An Analysis of Concepts of Pollution and Taboo* [*Pureza e perigo: uma análise dos conceitos de poluição e tabu*], Londres, Routledge and Kegan Paul, 1966, p. 141. Cf. também Robert Parker, *Miasma: Pollution and Purification in Early Greek Religion* [*Miasma: poluição e purificação na antiga religião grega*], Oxford, Oxford University Press, 1983.

Desejo e sujeira

Lógica

Mulheres são molhadas, fisiológica e psicologicamente. Hipócrates diferencia masculino e feminino da seguinte maneira:

> O feminino prospera sobretudo num ambiente de água, com coisas frias e molhadas e macias, sejam elas atividades ou coisas de comer e beber. O masculino prospera sobretudo num ambiente de fogo, com alimentos e modos de vida quentes e secos.[4]

Aristóteles faz uma distinção parecida e sugere que essa diferença pode surgir porque os fetos masculinos têm mais propensão a se inclinar para a direita, e os femininos, para a esquerda, pois "o lado direito do corpo é mais quente que o esquerdo".[5] Mas ele continua, e descreve a umidade em termos esclarecedores para a nossa discussão sobre mulheres. Aristóteles nos diz que o molhado é aquilo que não tem qualquer limite intrínseco, mas que pode facilmente ser delimitado, enquanto o seco é aquilo que tem limites intrínsecos, mas que dificilmente é delimitado por outros.[6] A partir desse raciocínio podemos diferenciar mulheres e homens não apenas como molhadas e secos, mas também como não delimitadas e delimitados, conteúdo e forma, poluídas e puros. Veremos em breve que essas qualidades estão íntima e necessariamente relacionadas.

---

[4] Hipócrates, *Do regime*, p. 27.

[5] Aristóteles, *Problemas*, 879a33-4, cf. 88a12-20; *Da geração dos animais*, 765b2.

[6] Aristóteles, *Da geração e da corrupção*, 329b31-3.

A imagem da mulher como conteúdo sem forma é explicitada pelos filósofos. Platão compara a matéria da criação a uma mãe, descrevendo-a como "receptáculo" ou "reservatório", "sem formato, sem ponto de vista; que sempre recebe", que "obtém sua forma e sua ativação de quaisquer formatos que a adentrem".[7] Aristóteles concede ao macho o papel de agente ativo no ato da procriação; é ele quem contribui com "movimento" e "formação", enquanto a fêmea fornece a "matéria-prima", assim como uma cama (a criança) é feita pelo carpinteiro (o pai) a partir da madeira (a mãe). O homem determina a forma, a mulher fornece a matéria. Também podemos observar que a chamada Tábua de Opostos de Pitágoras, citada por Aristóteles, dispõe "limite" ou "fronteira" do mesmo lado que "masculino"; em oposição a "sem limites" e "feminino".[8]

Vestígios das suposições sobre mulheres que subjazem as ideias de Platão, de Aristóteles e dos pitagóricos podem ser encontrados nas lendas gregas mais antigas. O mito também é um tipo de lógica. Nele, as fronteiras da mulher são maleáveis, porosas, mutáveis. Seu poder de controlá-las é inadequado, seu cuidado com elas é duvidoso: sua companheira é a deformação. A mulher incha, encolhe, vaza, é penetrada, sofre metamorfoses. Na mitologia, a mulher costuma perder monstruosamente a sua forma. Io vira novilha, Calisto vira urso, Medusa faz brotar cobras de sua cabeça; da cintura de Cila nascem cachorros ganindo, as Sereias e Esfinges acumulam partes bestiais desconjuntadas, ao passo que Dafne vira árvore, e Pasífae, uma vaca mecânica. As Greias são três velhas que causam repulsa por dividirem en-

---

[7] Platão, *Timeu*, 49a, 50b-d.

[8] Aristóteles, *Da geração dos animais*, 716a6-7, 727b31-4, 729b15-21; *Física*, 192a20-5; *Metafísica*, 986a22-30.

Desejo e sujeira

tre si uma mesma forma humana, passando um olho e um dente de uma à outra, conforme a necessidade. Salmacis é uma ninfa que funde sua forma à do amado para produzir um monstro bissexual que leva o nome dele, Hermafrodito. A Hidra gera novas cabeças na mesma velocidade em que se pode decepá-las. O temor que as amazonas (com um seio a menos) inspiram se deve ao zelo com que adaptam a forma pessoal (a sua própria).

Ao mesmo tempo, as mulheres dos mitos são notórias adaptadoras das formas e dos limites alheios. Estão o tempo todo abrindo receptáculos que não devem abrir (por exemplo, Pandora, as filhas de Cécrope, Dânae), ou destruindo coisas que foram guardadas num receptáculo aos seus cuidados (como faz Altaia com a psique de Meleagro). E mostram-se também pouco confiáveis quando são elas próprias os receptáculos: tanto Zeus como Apolo creem ser necessário surrupiar a prole do ventre materno para internalizá-la e mantê-la a salvo (como Zeus, que tira Dioniso de Sêmele, e Apolo, que resgata Esculápio de Corônis), ao passo que Cronos engole seus filhos vivos assim que estes emergem de Reia.[9] Ainda mais perturbadoras são as inúmeras mulheres mitológicas que submetem a forma masculina a reformas violentas e diretas. Cila corta um cacho vital da cabeça de seu pai, Agave decapita o filho com as próprias mãos, Medeia arranca a cavilha de Talo, Cibele emascula Átis com um machado. As mulheres mitológicas frequentemente violam a masculinidade ao circunscrever a forma masculina numa informidade fatal, como faz a Clitemnestra de Eurípedes, que envolve Agamêmnon numa "veste sem fronteiras"; como a Dejanira de Sófocles, que cobre Héracles com um "vapor de morte" que

---

[9] O nome de Reia é pertinente, derivado do verbo ρεῖν: "fluir", "escoar", "derramar", "jorrar".

consome a forma de sua carne; como a Néfele de Píndaro, que captura Íxion na ilusão de seu corpo:

Deitou-se com uma nuvem — doce mentira![10]

Em todas essas histórias, o amor é a principal motivação das mulheres para a fuga da forma ou o desarranjo dos limites. De fato, o nascimento da própria deusa do amor, Afrodite, é o registro mais antigo que se tem de uma mulher da mitologia grega propondo uma revisão para a forma masculina: a castração de Urano. Para o típico crime da mulher, os mitos gregos instituem uma punição estereotípica na lenda das filhas de Dânao: temos quarenta e nove noivas que mataram seus noivos na noite de casamento, e por isso foram condenadas a passar a eternidade no submundo, tentando encher com água uma peneira ou jarra furada.[11] A peneira é um utensílio que encontraremos mais de uma vez em nossa investigação sobre a simbologia feminina; por ora, basta dizer que a peneira das Danaides sumariza numa única imagem infernal tudo o que há de problemático na relação entre mulheres e limites.[12]

---

[10] Eurípedes, *Orestes*, v. 25; Sófocles, *Traquínias*, p. 831; Píndaro, *Píticas*, 2.36-7.

[11] Sobre as danaides, ver a pesquisa de A. F. Garvie, *Aeschylus' Supplices: Play and Trilogy* [*Suplícios de Ésquilo: peça e trilogia*], Cambridge, Cambridge University Press, 1969, pp. 234-5.

[12] A imagem da mulher como peneira fornece a Aristófanes uma piada (*Ekklesiazousai*, v. 991) que geralmente é incompreendida pelos comentadores: um jovem repele as insinuações sexuais de uma velha dizendo: "Bom, não é uma peneira o que eu quero agora!". Isto com certeza não é uma referência ao rosto branco como farinha de uma mulher mais velha, nem ao seu cabelo branco como farinha, mas sugere que uma vida inteira de experiências sexuais não a tornou mais desejável.

Desejo e sujeira

Existe, portanto, uma base de suposições mitológicas — que também operam nos argumentos de filósofos como Platão e Aristóteles, e podem estar relacionadas a comportamentos históricos — em que as mulheres são vistas como criaturas informes que não podem ou não querem ou não fazem nada para manter seus limites, e que são extraordinariamente habilidosas na hora de confundir os limites dos outros. Quando começamos a buscar a etiologia dessa concepção, encontramos o que acredito ser uma profunda e duradoura desconfiança no "molhado" por sua capacidade de transformar e deformar.

Pois é consenso para o pensamento grego que a condição mais saudável para um ser humano é a secura, desde que não seja excessiva. "Uma alma seca é melhor e mais sábia", afirma Heráclito. Homens maduros em condição sã e sem transtornos são secos — por exemplo, Zeus, cuja mente eficaz e funcional é descrita por Homero como "pulmões secos". Uma mente molhada é condição de deficiência intelectual; daí que Aristófanes fale da necessidade de "secar a mente" se um homem quiser dizer "qualquer coisa de inteligente"; já Heráclito atribui à "psique molhada" a incapacidade do bêbado de encontrar o caminho de casa. O estado de secura da mente alerta pode ser minado de diferentes modos. No século V, Diógenes de Apolônia sugeriu que o elemento consciente do homem era feito de ar, e que a inteligência de um indivíduo dependia da secura desse ar:

> O entendimento é obra do ar puro e seco. A umidade obstrui a inteligência: é por isso que no sono, na embriaguez e no excesso o entendimento é enfraquecido.[13]

---

[13] Heráclito, fr. B118 Diels; Homero, *Ilíada*, 14.165; Aristófanes, *Os*

Os acessos emotivos são também vistos pelos autores da época como uma forma de umidade comprometedora. A emoção é um líquido, ou uma substância que liquefaz, e quando se derrama dentro da pessoa ela a dissolve. O medo é "molhado" em Arquíloco e faz Anacreonte "chuviscar". A angústia "cai em gotas" nas mentes do coro de uma tragédia grega. Num epigrama helenístico, a inveja derrete os olhos e o coração dos invejosos.[14] De todas as emoções, a mais devastadora é de longe o desejo erótico, pois o amor combina o efeito liquefator a um calor ardente: o amante que não for derretido por Eros será provavelmente queimado por ele até virar carvão. Assim, muito se diz que o desejo derrete, inunda, amolece, relaxa, ferve, torra, queima, afoga e desintegra o amante, sua vítima.[15] Os homens se orgulham de serem capazes de resistir a esses ataques aos seus limites fisiológicos e psicológicos. Um fragmento de Sófocles nos ensina: "O peito de um homem bom não amolece". A antiga teoria da medicina corrobora a visão de que a secura é melhor, e de que é prerrogativa dos homens. Segundo Hipócrates, o corpo mas-

---

Cavaleiros, vv. 95-6; cf. *Vespas*, v. 1452; Heráclito, fr. B117 Diels; Diógenes de Apolônia, fr. A19 Diels. Crítias diz que, na embriaguez, a memória desaparece da mente através do esquecimento; a mente tropeça (fr. B6.12 Diels).

[14] Arquíloco, fr. 122.4 West; Anacreonte, fr. 395.4 PMG; Ésquilo, *Agamêmnon*, vv. 179-80; *Antologia Palatina*, 11.193.

[15] Na ausência de alguma etimologia satisfatória para a palavra grega ἐράω (eu desejo), quando usada para alguém com intenção sexual, Onians sugere uma derivação original de ἐράω (eu derramo para fora), relacionado a ἔρσα (orvalho), que significa, na voz média, "eu me derramo para fora, emito líquidos, sou derramada para fora". Ele compara ψομ στυγέω (eu odeio), que tem início físico "eu congelo, me enrijeço diante de": Richard Broxton Onians, *The Origins of European Thinking about the Body, the Mind, the Soul, the World, Time and Fate* [*As origens do pensamento europeu sobre o corpo, a mente, a alma, o mundo, tempo e destino*], Cambridge, Cambridge University Press, 1951, p. 202, n. 4.

Desejo e sujeira

culino atinge a maturidade quando o elemento do fogo interior "se estabiliza" e o corpo "deixa de estremecer com o crescimento", para então atingir e manter sua forma adequada e seca.[16]

PROMÍSCUAS

Essa condição de estabilidade seca jamais é atingida pelo corpo feminino, que, supõe-se, permanece frio e molhado pelo resto da vida[17] e, portanto, está mais sujeito aos ataques que liquefazem corpo e mente, sobretudo os ataques das emoções. Que a fêmea seja mais macia que o macho e muito mais facilmente levada a lágrimas, piedade, ciúme, desânimo, medo, impulsos precipitados e desejo sexual é uma *communis opinio* da literatura antiga, propagada por homens de temperamentos muito diferentes, como Aristóteles, Empédocles e Semônides de Amorgos.[18] Em todos eles, uma grande atenção é dada às emoções do amor. Segundo essas fontes, as mulheres são notoriamente mais abertas aos desejos eróticos do que os homens e, uma vez excitadas, são insaciáveis. Dessa suposição deriva uma longa tradição de lascívia feminina. Podemos mencionar alguns exemplos. Ésquilo alerta para o "olho flamejante" da mulher que já "provou do homem" e censura a licenciosidade feminina por tornar as mulheres "dispostas a tentar de tudo" por amor. Sófocles observa que até as mulheres que juraram evitar a dor do parto são incapazes de resistir ao desejo sexual. A luxúria feminina é mo-

---

[16] Sófocles, fr. 195 Pearson; Hipócrates, *Do regime*, 33.

[17] Cf. Aristóteles, *Da geração dos animais*, 728a19-22; *Problemas*, 879a.

[18] Aristóteles, *História dos animais*, 608b; Empédocles, fr. B62.1 Diels; Semônides, fr. 7 West.

tivo frequente de piada em Aristófanes. Alcifrão caracteriza a voracidade sexual das mulheres como uma "Caríbdis", e previne outro homem de que ele será engolido por completo por sua *hetaira*.[19] Tanto Hipócrates como Platão fomentam a teoria do "útero errante", uma explicação para a histeria feminina calcada no anseio incontrolável que as mulheres têm por sexo. Aristóteles toma a depravação feminina como coisa dada, uma consequência da fraqueza das mulheres, razão pela qual as meninas não devem passar dos dezoito anos sem se casar.[20] Para os historiadores gregos, toda vez que se menciona uma sociedade ou situação administrada por mulheres, supõe-se que haveria ali um estado de total promiscuidade feminina. Por exemplo: Filo de Biblos, em seu relato sobre as tradições de descendência matrilinear na Antiguidade, explica que "elas traçavam a descendência pelo lado da mãe porque as mulheres da época tinham relações casuais com qualquer homem que encontrassem". Filo toma por certo que, não fossem contidas por um sistema diferente, as mulheres tenderiam à promiscuidade total.[21]

---

[19] Na Grécia Antiga, cortesãs de gosto e costumes refinados. (N. da T.)

[20] Ésquilo, fr. 243 Nauck; *Coéforas*, 594; Sófocles, fr. 932 Pearson; Aristófanes, *Tesmoforiantes*, 504 ss.; *Os Cavaleiros*, 468-70, 616-20; *Lisístrata*, 553-9; Alcifrão, 1.6.2, 3.33; Hipócrates, *Doenças das mulheres*, 1; Platão, *Timeu*, 91c; Aristóteles, *Ética a Nicômaco*, 1150b6; *Política*, 1335a29.

[21] Simon Pembroke discute a tendência dos autores gregos de relacionar situações de matriarcado com promiscuidade feminina com base em poucas evidências, ou evidência nenhuma, ou ainda, com evidências contraditórias, a fim de nos persuadir de que se tais histórias foram concebidas, não foi para com elas verificar se um dia já houve ocorrências de matriarcado, mas sim para mostrar o quão terrível seria a vida num estado matriarcal. "Women in Charge: the Function of Alternatives in Early Greek Tradition and the Ancient Idea of Matriarchy" ["Mulheres no comando: a função de alternativas na antiga tradição grega e a ideia de ma-

Desejo e sujeira

Qual é a relação entre ser molhada e ser promíscua? Em primeiro lugar, a umidade e maleabilidade das mulheres as torna mais vulneráveis às investidas do desejo erótico sobre a forma psíquica. Em segundo lugar, a umidade feminina lhes fornece uma arma — que os homens não possuem — contra o calor e a secura excessivos que podem acompanhar o desejo. Hipócrates sustenta que o calor abrasador da canícula (fim de julho) é benéfico para aqueles que são "fleumáticos por natureza", grupo que inclui "homens aguados e mulheres", mas faz com que a maioria dos homens "ressequem e murchem imediatamente". Aristóteles aprofunda o tema com um viés erótico; ele pergunta: "por que os homens são menos aptos a ter relações sexuais no verão, enquanto as mulheres são mais?", e responde:

> Porque as naturezas quentes fraquejam no verão por excesso de calor, enquanto as naturezas frias prosperam. Pois bem, o homem é quente e seco; a mulher, fria e úmida. Assim, nessa época o poder do homem enfraquece, mas o da mulher prospera porque é equilibrado pelo seu oposto.[22]

Também na poesia encontramos essa preocupação com o efeito murchante que a canícula tem sobre o corpo masculino. Alceu de Lesbos, um poeta lírico do século VII a.C., des-

---

triarcado na Antiguidade"], *Journal of the Warburg and Courtauld Institutes*, 30, 1967, pp. 1-35. Ver também Simon Pembroke, "Last of the Matriarchs" ["A última das matriarcas"], *Journal of the Economic and Social History of the Orient*, 8, 1965; Pierre Vidal-Naquet, "Esclavage et gynécocratie dans la tradition, le mythe, l'utopie" ["Escravidão e ginecocracia na tradição, no mito, na utopia"], em *Recherches sur les structures sociales dans l'Antiquité classique*, Paris, CNRS, 1970.

[22] Hipócrates, *Dos ares, águas e lugares*, 10.85 ss.; Aristóteles, *Problemas*, 879a31-5.

creve a época da ascensão de Sirius como uma estação de calor escaldante, que resseca os homens até a incapacidade e incentiva o florescimento da licenciosidade feminina.[23] À medida que o poema passa da meteorologia à fisiologia, vai ficando mais claro que o foco da preocupação (e talvez rancor) dos homens não é a onda de calor do verão, mas sim o apetite e a capacidade imurcháveis do sexo feminino:

Molhe os pulmões com vinho, pois a estrela
[está de volta.
É inclemente a estação, tudo está sedento sob o sol.
Das folhas o grilo envia ruídos bons,
derramando de suas asas
um estrídulo, e mais outro,
quando no calor intenso...
a alcachofra se abre em flor. É chegado
para as mulheres o tempo de maior poluição,
já os homens estão sensíveis, pois a Estrela-Cão
resseca suas cabeças e joelhos...

Aqui há uma palavra que merece atenção especial. Os editores de Alceu costumam nos avisar de que não podemos saber ao certo o que o poeta quer dizer com "μιαρώταται": "mais poluídas". Os tradutores tendem a reduzir o termo a algum insulto genérico como "abominável" ou "maldita". Mas a julgar por seus outros poemas, o vocabulário de insultos de Alceu não é nada genérico; seus poemas são alguns dos mais explícitos de toda a poesia invectiva do período arcaico. Além disso, alguns versos do poeta beócio Hesíodo nos dão uma boa pista para o que ele quis dizer, pois Alceu claramente usou uma seção muito conhecida do *Trabalho e os dias* de

---

[23] Alceu, fr. Z23 Page.

Desejo e sujeira

Hesíodo como modelo para o seu poema.[24] Hesíodo descreve, em termos quase idênticos, uma cena de alto verão, quando as alcachofras dão flor, os grilos cantam sem parar, as cabras estão gordas, carnudas, e o vinho está perfeito. Então ele acrescenta:

> ... E as mulheres mais lascivas do que nunca (μαχλόταται), já os homens, completamente lânguidos.

Os dois poetas concordam quanto à questão física da situação: os homens são ressecados até a impotência pelo calor; as mulheres parecem, de algum modo, vicejar nele, são estimuladas a germinar tão promiscuamente como a flora e a fauna. Em outra passagem, Hesíodo defende seu argumento de modo mais direto (enquanto oferece conselhos sobre como escolher uma esposa):

> Pois não há prêmio melhor para o homem do que
> [uma boa
> mulher; como nada mais o arrefece do que a má —
> sempre caçando algo para devorar.
> Pouco importa se o homem é forte,
> será assado mesmo sem fogo,
> e entregue à velhice em carne viva.[25]

E aqui Hesíodo abandona suas metáforas meteorológicas e identifica o elemento murchante com o próprio poder sexual das mulheres. A mulher insaciável, com suas demandas infinitas, "assa seu homem" no fogo inextinguível do seu apetite; suga sua força viril e entrega-o à "velhice em carne

---

[24] Hesíodo, *Os trabalhos e os dias*, vv. 582-96.

[25] *Ibidem*, vv. 702-5.

viva" da impotência prematura.[26] Uma queixa parecida encontramos num poema do alexandrino Páladas:

A mulher é a ira de Zeus, dádiva dada no lugar
[do fogo,
cruel contradádiva!
Pois queima o homem com carícias e o faz murchar
[por inteiro,
cedo demais trazendo à juventude a velhice.[27]

E o poeta arcaico Arquíloco resume a ameaça feminina em dois versos iâmbicos:

Numa mão trazia água,
com a outra — mulher ardilosa — vinha trazendo
[fogo.[28]

Para esses poetas gregos, a sexualidade da mulher é algo a se temer.[29] É algo que ameaça a própria essência masculina do homem, e cuja origem é cósmica. Unida ao mundo dos elementos por uma liquidez vital, a mulher tem acesso aos inesgotáveis reservatórios de potência reprodutiva da natureza. O homem, por sua vez, usa de suas ideias e garras para se manter apartado desse mundo de promiscuidade das plan-

---

[26] Ver também *ibidem*, vv. 700-5; e cf. *Otelo*: "O curse of marriage, that we can call/ These delicate creatures ours/ And not their appetites!" ["É a maldição do casamento: poder chamar de nossas essas delicadas criaturas, mas não seus apetites!"] (III.3.268).

[27] *Antologia Palatina*, 9.165.1-4; cf. Hesíodo, *Os trabalhos e os dias*, v. 57.

[28] Arquíloco, fr. 184 West.

[29] Um homem e uma mulher discutem esse medo em Teócrito, *Idílios*, 27.27-8.

Desejo e sujeira

tas, dos animais e das mulheres. Ele é duas vezes estrangeiro aqui, pela secura inerente à sua forma e pela virtude masculina do autocontrole (σωφροσύνη),[30] por meio da qual ele conserva a sua forma. A umidade e a pulsão sexual das mulheres, ambas indefectíveis, são, portanto, parte de um esquema conceitual maior, por meio do qual a fêmea é assimilada ao mundo da natureza crua, e a feminilidade é insistentemente associada ao selvagem. "A mulher é uma grande bestialidade!", diz Menândro. Essa ideia, a cultura clássica da Antiguidade não foi a primeira e nem será a última a endossá-la, mas o que nos importa aqui é ver até onde ela levou. As palavras de um autor posterior, o sofista Eliano, do século II d.C., nos dão uma pista. Em seu tratado *Sobre a natureza dos animais*, Eliano conclui a discussão a respeito das serpentes venenosas nos dizendo que a áspide é a mais venenosa de todas. E acrescenta: "Mas um animal ainda mais poluído [σωφροσύνη] do que a áspide é a mulher, que chafurda em veneno".[31] A força da designação "mais poluído" claramente depende, neste caso, da condensação das categorias animal e fêmea.

Bestas

A noção de selvageria feminina, presente no pensamento grego desde a pré-história até a era clássica, ocupa os dois lados da mesma moeda. A fêmea pré-sexual aparece na literatura como um animal indomado que, se puder escolher,

---

[30] Helen North, *Sophrosyne: Self-Knowledge and Self-Restraint in Greek Literature* [*Sophrosyne: autoconhecimento e autocontrole na literatura grega*], Ithaca, Cornell University Press, 1966, e abaixo.

[31] Menândro, fr. 488 Kock; Eliano, *Da natureza dos animais*, 1.54; cf. Lucrécio, *Da natureza das coisas*, 6.17-23.

preferirá viver a vida selvagem de Ártemis, errando pelas florestas indomesticada e indiferente aos homens. Ela é chamada de "um tanto selvagem", "indomada" ou "desabituada ao macho", e caracterizada como corça, bezerra, poldra, cobra, gazela, pássaro implume, um grão inchando, uma maçã amadurecendo. A mulher sexualmente iniciada, por outro lado, a menos que tenha o benefício da supervisão masculina, logo passa da licenciosidade à bestialidade. Assim, a mulher madura sexualmente ativa é chamada de cadela, mula, doninha, égua reprodutora, porca selvagem dando patadas para que a libertem. *Hippos* (cavalo) era um jeito comum de se chamar uma mulher de "lasciva" na Grécia. Aristóteles explica a razão para isso: "De todas as animais fêmeas, a égua vem em primeiro lugar por sua ânsia pela relação sexual; em seguida vem a vaca. As éguas ficam loucas por cavalo, e o termo derivado desse animal é empregado como insulto a qualquer mulher imoderada em seus desejos sexuais".[32]

Mas classificar as mulheres como selvagens acarreta consequências que vão além do idioma. Conta-se que Temístocles uma vez atrelou quatro prostitutas a uma carroça e as guiou ao mercado.[33] É pelo modo como classificamos uns aos outros que damos forma às nossas expectativas morais, depositadas tanto no outro quanto em nós mesmos. Da mulher grega não se esperava maior controle de si ou dos próprios impulsos do que aquele que se espera de uma cadela no cio.[34] Essa convicção foi expressa já na legislação de Sólon, que restringia caminhadas, banquetes, enxovais, o luto, o alimento, a bebida e a atividade sexual das mulheres; e também de-

---

[32] Aristóteles, *História dos animais*, 572a30-b4.

[33] Ateneu, 533d.

[34] "Uma vaca ávida pelo touro montará no animal ela mesma", adverte Aristóteles, "e nenhum vaqueiro poderá impedi-la", *História dos animais*, 572a30-b4.

Desejo e sujeira

pois, quando foram instituídos os *gynaikonomoi* (supervisores de mulheres), magistrados especialmente designados para manter a "ordem" ou a "decência" feminina.[35] A legislação de Sólon é apenas um exemplo bem divulgado de um complexo leque de restrições sobre os movimentos, as roupas e as ações das mulheres, sobre os espaços, gestos e vestes nos quais elas viviam. Uma resolução parecida orienta todas essas restrições: já que a mulher não limita a si mesma, é preciso lhe *impor limites*. Aristóteles sustenta que a celebrada virtude grega do autocontrole (*sophrosyne*) precisa ser definida de modos diferentes para homens e mulheres. A *sophrosyne* masculina consiste no autocontrole e na resistência aos excessos com bases racionais, já a *sophrosyne* feminina significa obediência, e consiste em submeter-se ao controle dos outros.[36]

Assim, a mulher em seu estado natural exige a assistência da cultura para lhe impor os limites, tanto físicos como metafísicos, que garantirão sua virtude em face da transgressão e da digressão. Xenofonte descreve os aposentos femininos de uma casa típica do século V d.C. como "separados dos aposentos masculinos por uma porta trancada, para que não fosse levado de lá nada que não devesse ser levado, e para que nenhum criado tivesse filhos sem nossa ciência".[37] Os

---

[35] Claude Wehrli, "Les gynéconomes" ["Os ginecônomos"], *Museum Helveticum*, 19, 1962, pp. 33-8.

[36] Aristóteles, *Política*, 1260a20-4, 1277b21-5. Cf. Freud em carta a Eduard Silberstein (7 de janeiro de 1919): "Um homem inteligente é seu próprio legislador e confessor, e obtém a própria absolvição. Já a mulher, que dirá a menina, não encontra em si a dimensão ética. Ela só pode agir mantendo-se dentro dos limites da moralidade e seguindo o que a sociedade estabelece como apropriado. Caso se revolte contra a moralidade, não será perdoada, ainda que tenha razão".

[37] Xenofonte, *Oikonomika*, 9.5.

termos que Xenofonte usa são ambíguos. Ele não nos diz por qual lado a porta era trancada: a fecundabilidade dos limites femininos coloca para a cultura masculina um problema que tem mais de dois lados. A mulher está sujeita tanto à incursão vinda de fora quanto ao vazamento vindo de dentro, e é por esse motivo que sua mera presença representa uma ameaça à integridade da casa a que ela pertence e da cidade que a circunda. Por essa razão a lei ateniense proibia o marido de continuar vivendo na mesma casa que sua mulher após tê-la flagrado em adultério. Por essa razão as mulheres condenadas por adultério eram impedidas por lei de participar dos sacrifícios públicos. A exclusão era necessária, segundo Demóstenes, "para que não houvesse poluição nem sacrilégios nos espaços sagrados".[38] Para entendermos exatamente o que ele quer dizer com "poluição", teremos que levar a sério as topografias do sagrado e do profano. Para ele, as adúlteras representam uma ameaça espacial à higiene pública da cidade. A sujeira é algo que elas carregam como uma doença contagiosa. O que nos leva à seguinte pergunta: "O que é a sujeira?".

Sujeiras

Pode-se definir sujeira como "matéria fora do lugar". O ovo *poché* no seu prato de café da manhã não é sujeira; o ovo *poché* no chão da sala de leitura do Museu Britânico é. Sujeira é a matéria que atravessou um limite que não devia ter atravessado. Ela confunde as categorias e mistura as formas. O estudo de Robert Parker sobre *miasma* enfatiza que em grego essa palavra tem o sentido básico de "profanação" e

---

[38] Demóstenes, *Contra Neera*, 59.86.

Desejo e sujeira

"dano à integridade de algo".[39] Mas a sujeira não é passiva. Mary Douglas se refere à poluição como "uma classe particular de perigos que não são poderes conferidos aos humanos, mas que podem ser ativados por humanos".[40] As mulheres, portanto, são poluíveis, poluídas e poluentes, de mais de uma maneira e ao mesmo tempo. São membros anômalos da classe humana; são, segundo Aristóteles, homens imperfeitos. Enquanto indivíduos, por comparação com os outros, elas não têm forma nem controle firme sobre os próprios limites. Enquanto seres sociais, são módulos de perigo, ultrapassando as fronteiras da casa e da família, via casamento, prostituição ou adultério. Enquanto seres psicológicos, são um composto instável de engodo e desejo, propensas a vazamentos.

Em suma, o corpo feminino, a psique feminina, a vida social feminina e também sua vida moral são penetráveis, porosas, mutáveis e sempre sujeitas à profanação. Assim, ao categorizar a mulher como "um animal ainda mais poluído do que a áspide", Eliano explica que "a áspide destrói com seu veneno, mas basta que a mulher toque em sua vítima para matá-la". O toque feminino é uma crise mortífera: sua poluição vaza ao mais leve contato. Quando uma casa ou uma sociedade não tomava as medidas adequadas para conter o vazamento de suas mulheres, podia-se dizer que ela estava navegando os mares da vida num barco de Milo, de acordo com a antiga sabedoria proverbial. A expressão "barco de Milo", que conota uma embarcação proverbialmente mal vedada, aparece pela primeira vez em alusão a um tal de Hipotes, que fora escolhido para fundar uma colônia para os habitantes de Milo. Os homens de Milo se recusaram a navegar

---

[39] R. Parker, *op. cit.*, p. 3.

[40] M. Douglas, *op. cit.*, p. 113.

com ele. "Inventavam desculpas — alguns diziam que seus barcos estavam vazando, outros, que as esposas não se sentiam bem, e assim ficavam em casa. Hipotes, então, os amaldiçoou: que eles nunca mais encontrassem um barco bem vedado, e que fossem governados para sempre pelas mulheres".[41] A maldição de Hipotes atinge em cheio o senso comum e o tecido da vida em Milo. A mulher fora de controle é o perigo, um barco cheio de buracos é sua imagem. Hipotes está condenando a civilização de Milo ao caos.

VAZAMENTOS

Encontramos a mesma metáfora, empregada pelo ponto de vista feminino, em um poema de Safo, aparentemente composto durante seu exílio na Sicília. Nele, ela caracteriza o caos do dia a dia no exílio como "vazamento", e o representa como uma situação de emergência para os limites femininos:

(a)... pois minha mãe [costumava dizer que]
quando era jovem, se uma mulher prendesse o cabelo

---

[41] Para o provérbio de Milo, cf. Fócio, *Lexicon*, 594.9; Aristóteles, fr. 554 Rose; Simon Pembroke (*op. cit.*, n. 20) entende que o provérbio corresponde à convenção mais geral de maldições, na linha de "que a terra não dê frutos, que os mares sejam inavegáveis" (32). Mas acho possível que as angústias especificamente sexuais e eugênicas transpareçam na superfície dessa história. Numa sociedade "doente" a ponto de as mulheres ditarem as políticas públicas, que homem pode navegar as águas da vida cotidiana, e que marido pode um dia ter certeza de ser o pai de seus filhos? Cf. a situação da *Odisseia* em que dezenove anos de governo feminino, numa casa que admite a passagem de pretendentes como se fosse uma peneira, acabam levando Telêmaco a comentar: "Ninguém conhece seu próprio genitor". *Odisseia*, 1.214, 4.387; cf. Lísias, *Erastothenes*, 1.33; Eurípedes, fr. 1015 Nauck.

Desejo e sujeira

com uma fita roxa
era sem dúvida um belo adorno.
Mas a moça de cabelos mais amarelos
que o fogo...
    [apropriados para] coroas
de flores em rica florescência...
    Agora há pouco

de Sárdes uma faixa de cabeça de muitas cores...
    ... [cidades]...

(b) Para você, Cleís,

Não faço ideia de como conseguir
uma faixa de cabeça de muitas cores.
Quanto à que veio de Mitilene...
    ...
Eu tinha...
    de muitas cores...

essas coisas dos Kleanaktidai...[42]
exílio... [cidade]
    memórias:

... vazaram, terrivelmente, até o fim...[43]

Embora esteja danificado, podemos ver que se trata de um poema sobre a matéria fora de lugar — um lamento do exílio. Safo lamenta a perda de sua cidade e da ordem da vida que lá conheceu com o "vazaram, terrivelmente, até o

---

[42] Família influente de Mitilene, capital de Lesbos. (N. da T.)

[43] Safo, fr. 98 (a) e (b) Lobel.

fim", do último verso do fragmento. Mas em todos os versos anteriores essa perda é simbolizada pela ausência de uma faixa de cabeça. Esse acessório, que Safo deseja obter para Cleís, sua filha, evidentemente não existe na Sicília, mas nos bons e velhos tempos, em Mitilene, a mãe de Safo costumava falar sobre as técnicas apropriadas para se prender o cabelo, e podemos imaginar que ela faria o que fosse preciso para que Cleís tivesse tudo que uma mocinha precisa ter. O exílio implica na frustração dessas necessidades e na descontinuidade do estilo de vida que delas depende.

Safo usa a palavra κόσμος (no verso 3 do texto grego) para designar esse estilo de vida colocado no lugar errado, bem como a faixa que o representa. *Kosmos*, aqui traduzido por "adorno", remete, em grego, a todo tipo de "boa ordem", desde o alinhamento dos planetas até a maneira de uma pessoa vestir um chapéu. Na linguagem da política, *kosmos* é a constituição ou a boa administração de uma cidade. Na linguagem da cosmologia, *kosmos* é o universo inteiro, perfeito e ordenado. De acordo com uma cosmologia antiga, o cosmos foi constituído pela primeira vez a partir do caos, quando Zeus jogou um véu sobre a cabeça da deusa do submundo, Ctônia, e casou-se com ela. Assim nos conta Ferécides e, em seguida, descreve o véu: nele estavam bordados a Terra, o oceano e as casas do oceano, isto é, os contornos do mundo civilizado. Uma vez coberta pelo véu de seu noivo, a escura e informe deusa ctônica é transformada e recebe o nome Gé, deusa do mundo visível, decorosa e produtiva esposa de Zeus.[44]

Chamo a atenção para a cosmologia de Ferécides porque ela faz referência ao casamento de Zeus. As cerimônias de casamento na Antiguidade são um lugar em que a teoria

---

[44] Ferécides, fr. 50-4 Diels.

Desejo e sujeira

da poluição feminina e as práticas de controle da poluição parecem convergir. Ferécides nos apresenta de maneira direta aquilo que Safo nos mostrou indiretamente, o código de vestuário que regula a decência feminina no mundo antigo e dá forma ao simbolismo sagrado do rito de casamento. O foco é a cabeça. Acessórios para a cabeça são cruciais para a honra feminina, um sinal de pureza sexual e de condição civilizada.[45] Nenhuma mulher decente é vista em público sem

---

[45] Michael Nagler sugeriu que as duas *amphipoloi* ("acompanhantes" ou "as que ficam dos dois lados") que seguem uma mulher respeitável por toda parte (p. ex. *Ilíada*, 24.90-4; *Odisseia*, 18.182-4) são também símbolo de castidade — como se as duas acompanhantes fossem vistas como substituto dos limites da pessoa. Uma mulher cercada tem limites contra formas de contato e vazamentos. Uma mulher privada de tal cerca corre o risco de ser raptada ou violentada (p. ex. *Hino homérico a Deméter*, 5; *Hino homérico a Afrodite*, 117, 120; Mosco, *Europa*, 28-32). Nausícaa, por decoro, dorme com uma criada de cada lado. Quando deve confrontar Odisseu sem a proteção de seu véu (retirado em 6.100) nem de companheiros (abandonados em 6.139), ela mantém seus limites pessoais ao "segurar-se" (p. ex. *Odisseia*, 6.141). Parece ser uma variação do gesto convencional feminino de *aidos*, isto é, "segurar o véu à frente ou nos dois lados do rosto" (p. ex. *Odisseia*, 18.210). O *aidos* fingido da prostituta perverte o gesto, porque polui o véu que ela usa; uma *hetaira* entra no aposento "segurando seu véu imundo à altura das bochechas": assim coloca o parodista Matrão, citado por Michael Nagler, *Spontaneity and Tradition: A Study in the Oral Art of Homer* [*Espontaneidade e tradição: um estudo sobre a arte oral de Homero*], Berkeley, University of California Press, 1974, p. 67, n. 5. Essa associação entre os acessórios para a cabeça de uma mulher decente e sua batalha contra a poluição fica também implícita na palavra que Safo (fr. 110 Lobel) e Hecateu (*FGH*, I.25) usam para nomear o véu: *cheiromaktron*, cujo primeiro sentido é "pano para secar as mãos após lavá-las". E. Crawley (*op. cit.*) discute o uso de véus como proteção para não contaminar os outros ou ser contaminado por más influências (1.273). Safo acrescenta que as Graças desprezam uma mulher cuja cabeça está sem *stephanos* ("coroa": fr. 81b Lobel). Sobre o gesto feminino convencional de segurar o véu, cf. John Boardman, "Old Smyrna: The Attic Pottery" ["Antiga Esmirna: a cerâmica ática"], *British Society of Archaeology*, 53-4, 1958-59, pp. 152-81, 159 e pl. 9.11; Friis Johansen, *The*

34   Anne Carson

esses adereços; apenas crianças, prostitutas e bacantes andam livremente sem véu. A palavra grega mais comum para o adereço de cabeça feminino é *kredemnon*, cuja força simbólica pode ser inferida de seu triplo significado. Além de significar, de fato, uma faixa para a cabeça da mulher, *kredemnon* também é usada para se referir às "ameias de uma cidade" e à "rolha de uma garrafa".[46] Fica evidente o que esses três têm em comum. Garrafa fechada, cidade fortificada, mulher velada: três receptáculos cujos conteúdos estão vedados contra a sujeira e o desperdício. Tampar algo é garantir sua pureza.

TAMPAS

Tampar a pureza feminina era a preocupação maior e o propósito ritual da cerimônia de casamento na Antiguidade.[47] Assim como, na cosmologia de Ferécides, Zeus se casa com a deusa do submundo ao outorgar-lhe um mapa cósmico de seus limites adequados, assim também, na lenda ateniense de como Cécrope inventou o casamento, vemos a clareza e o controle masculinos se impondo sobre o caos da promiscuidade feminina.[48] Pois nos é dito que Cécrope "viu os

---

Attic Grave-Reliefs [*Os alto-relevos das sepulturas áticas*], Copenhague, Ejnar Munksgaard, 1951, p. 41; Franz Studniczka, *Beiträge zur Geschichte der altgriechischen Tracht* [*Contribuições para a história dos trajes na Grécia antiga*], Berlim, Gerold, 1927, pp. 125-6.

[46] Homero, *Ilíada*, 22.470, 16.100; *Odisseia*, 3.392.

[47] Cf. em latim *nubere*, "casar-se", provavelmente cognato de *nubes*, "nuvem", que significa, literalmente, "cobrir-se com um véu", *Oxford Latin Dictionary*, s.v.

[48] Cf. C. Patterson, "Attikai: The Other Athenians" ["Attikai: os outros atenienses"], *Helios*, 13, 1992, pp. 45-62, para uma útil correção às leituras antropológicas mais comuns desse mito.

homens e as mulheres tendo relações aleatoriamente, de modo que nenhum filho sabia dizer quem era seu pai, e nenhum pai, qual era seu filho". Consequentemente, Cécrope concebeu a instituição do casamento, de modo a pôr fim à licenciosidade sexual e esclarecer as linhagens patrilineares. Pelo serviço prestado, veio a ser considerado um herói cultural, que levou os atenienses "da selvageria à civilização".[49] Assim também, no tempo histórico, vemos Plutarco descrever a cerimônia beócia de casamento nos seguintes termos:

> Após colocar o véu na noiva, põe-se sobre sua cabeça uma coroa de aspargos, pois essa planta dá os frutos mais doces a partir dos espinhos mais duros, e assim a noiva, desde que bem guiada, poderá oferecer uma contribuição doce e civilizada à vida de seu marido, apesar de ser azeda e rude em origem.[50]

Na Antiguidade o ritual de casamento se propunha, sistematicamente, a redimir a mulher de seus traços azedos e rudes, além de purificá-la do caos por meio de cerimônias bastante específicas que visavam à dramatização e ao fortalecimento dos limites femininos. Assim, vemos que no rito de casamento muita ênfase é dada a portas, umbrais, dintéis, saídas, entradas e a todo o aparato cerimonial por meio do qual a noiva é transferida da casa do pai à casa do marido, do estado de solteira ao estado de casada. O casamento assim concebido, como um rito de passagem de uma casa a outra, já foi muito estudado por historiadores, antropólogos e

---

[49] Escólio a Aristófanes, *Fortuna*, 773.

[50] Plutarco, *Preceitos conjugais*, 138d. De forma semelhante, vemos o noivo da *Oikonomika* de Xenofonte falar de sua noiva como um animal selvagem que, após o casamento, vai aos poucos se tornando "submisso à minha mão, e domesticado o suficiente para manter uma conversa" (7-10).

outros. Mas acredito que podemos articular melhor o significado desse rito se prestarmos atenção aos limites da noiva, e não aos da casa, e se insistirmos num momento especial da cerimônia, clímax de todo o procedimento, no momento em que a ameaça de poluição é mais aguda e a estratégia ritual de combate é mais direta.

O casamento na Antiguidade começa na casa do pai da noiva, com ritos preliminares realizados por ela — entre os quais, uma despedida formal de sua juventude e um banho nupcial. Após o banho, ela é vestida em trajes nupciais e um véu deve cobrir-lhe o rosto. São oferecidos sacrifícios às divindades do casamento (Zeus Teleio, Hera Teleia, Afrodite, Ártemis, Peito), e então é servido um banquete em que todos os convidados compartilham da última refeição que a noiva fará na casa do pai. Durante o banquete, todas as mulheres sentam-se juntas num divã específico ao lado direito da porta, de frente para os homens, que estão todos sentados ao lado esquerdo. Em dado momento da festividade, uma criança vestindo uma coroa de espinhos passa pelos convidados oferecendo-lhes pães numa peneira, enquanto repete a fórmula: "Fugi do mal, encontrei aquilo que é melhor".[51] Essa ação, que antecipa o clímax da cerimônia, merece atenção. A fórmula verbal nos chegou através do ritual dos mistérios, no qual era pronunciada pelo iniciado após a cerimônia de lustração, e simboliza a separação final entre bem e mal. No contexto das núpcias, Zenóbio nos conta que essas palavras significam que "o casal de noivos deve se livrar de seus antigos costumes selvagens e encontrar um modo de vida civilizado".[52] Portanto, a noiva selvagem e espinhosa está prestes

---

[51] Zenóbio, 3.98-9; Ernst Samter, *Familienfeste der Griechen und Römer* [*Festas familiares dos gregos e romanos*], Berlim, Georg Reimer, 1901, p. 99.

[52] Zenóbio (3.98) em seguida afirma que a fórmula transformou-se

Desejo e sujeira

a ser recuperada pela civilização através da função nupcial. E essa função redentora é representada na relação entre o receptáculo vazado (a peneira na qual se leva o pão) e a dádiva do pão, que o ritual pede que seja apanhado do receptáculo vazado. É importante notar que durante todo o banquete e a distribuição dos pães, a noiva permanece rigorosamente velada, pois é apenas ao final de todos esses eventos que se dá o clímax da cerimônia: é o momento em que a noiva se levanta, ou se vira, e, olhando para o outro lado da sala, para o noivo e para os homens da casa dele, ergue o véu.

Um lutróforo de figuras vermelhas no Boston Museum of Fine Arts retrata esse momento do casamento.[53] Vemos ali a noiva encarando seu noivo, que a observa atentamente enquanto ela ergue o véu da cabeça; uma assistente (*nympheutria*), posicionada logo atrás, a ajuda.[54] Essa ação, chamada de *anakalypteria* (desvelar), empresta seu nome para toda a primeira parte da cerimônia. É a consagração oficial do casamento — dali em diante, a noiva passa a ser considerada casada.[55] Os presentes elaborados que o noivo oferecia à noiva nessa etapa da cerimônia eram chamados de *ta anakalyp-*

---

num provérbio "aplicável a qualquer um que prevê alguma mudança para melhor". Sobre o casamento como forma de aculturação, ver P. Vidal-Naquet, *op. cit.*, p. 77.

[53] John Oakley, "The Anakalypteria", *Archäologischer Anzeiger*, 97, 1982, pp. 113-8.

[54] O menino posicionado entre o casal pode provavelmente ser identificado como "a criança de coroa de espinhos", mencionada acima, que distribui os pães da peneira e repete a fórmula ritual da redenção do casamento. Até hoje não foi nomeado o grande objeto suspenso por cima da cabeça do noivo: talvez uma peneira cheia de pães?

[55] Fontes sobre a *anakalypteria* incluem a entrada lexical do termo em Harpocração, Hesíquio, Pólux e Suídas; A. Bruckner, "Anakalypteria", *Archäologische Gesellschaft zu Berlin*, 64, 1904, p. 60; M. L. Cunningham, "Aeschylus' *Agamemnon*, 231-247", *BICS*, 31, 1984, pp. 9-12.

teria, "presentes de desvelamento"; mas tinham também um nome alternativo, *ta diaparthenia* (presentes de virgindade), e assim eram chamados, segundo Pólux, pois eram considerados "presentes dados em troca da tomada da virgindade da noiva".[56] Em outras palavras, no que diz respeito à noiva, a *anakalypteria* é a ação sacra decisiva do casamento. Ao retirar o véu, pela primeira vez, os limites intactos de sua pessoa são violados por um contato: o contato da visão. As fontes lexicais antigas não deixam dúvidas de que a exposição visual era a função e o propósito oficiais do ritual da *anakalypteria*. A razão por que a noiva retira o véu, segundo os lexicógrafos, é "para que possa ser vista pelos homens".[57] Uma vez que ela o faz, o olhar do noivo, vindo do outro lado da sala, penetra seu véu aberto. Ela agora não é mais *parthenos*. Ela foi tocada.

É a este momento que Ferécides se refere, metonimicamente, em seu relato do casamento sagrado entre Zeus e Ctônia, já que conclui sua descrição da cerimônia dizendo que "as pessoas afirmam que esta foi a primeira *anakalypteria*, e dela surgiu o costume, comum a deuses e homens".[58] É a esse momento que Andrômaca renuncia, na *Ilíada* de Homero, quando, ao saber da morte de Heitor, ela agarra o *kredemnon* de sua cabeça (um presente de casamento de Afrodite) e o arremessa ao chão.[59] É este o momento que Safo expõe (e talvez exponha demais) naquele que talvez seja o seu poema mais controverso:

---

[56] Pólux, *Onomastikon*, 3.39.

[57] Suídas; Harpocração; s.v. *anakalypteria*.

[58] Ferécides, fr. 50 Diels.

[59] Homero, *Ilíada*, 22.469-73.

Desejo e sujeira

Ele me parece igual aos deuses este homem
quem quer que seja ele que na tua frente
senta-se e ouve atento
a tua doce voz

e gracioso riso — ah o
coração no meu peito ganha asas
pois quando te vejo, por um instante apenas,
fico sem palavras

não: a língua trava e escarço
fogo corre sob a pele minha
e nos olhos não há vista e um rufar
enche os ouvidos

e o suor frio me detém e o tremor
me apresa inteira, mais verde que a relva
sou e morta — ou quase
assim a mim me pareço...[60]

Consideremos por um instante a hipótese de que a estratégia lírica desse poema de Safo é nos inserir imaginariamente no momento ritual da *anakalypteria*; de que o homem do poema representa um noivo observando a noiva no momento de se desvelar; e de que Safo se projetou no papel da *nympheutria*, que (como ilustrada no vaso de figuras vermelhas mencionado acima) permanece atrás da noiva e a ajuda

---

[60] Safo, fr. 31 Lobel. A citação de Longino do poema (*De Sublimitate*, 10) inclui um décimo sétimo verso, defectivo e controverso, mas, como muitos críticos notaram, os versos de 1 a 16 parecem compor um todo rítmico e conceitual, seja ele um poema ou trecho de poema. Cf. Helmut Saake, *Zur Kunst Sapphos* [*Sobre a arte de Safo*], Paderborn, Schöningh, 1971, p. 35, para uma bibliografia completa sobre a questão.

a erguer o véu.[61] Vistas sob essa luz, algumas das estranhezas mais notórias desse poema se esclarecem. Por exemplo, o homem anônimo que aparece no primeiro verso logo desaparece no seguinte, porque este é o momento do ritual que, embora dependa da presença do noivo, pertence sobretudo à noiva. O homem é o motivo inicial e o foco visual do poema porque se Safo estiver posicionada atrás da noiva, irá olhar diretamente para ele, por cima da cabeça dela. Pela mesma razão — sua posição de retaguarda — Safo não reage de início à aparência da noiva (já que não pode ver seu rosto), mas sim à sua voz, seu riso, pois está bem posicionada para escutá-los. Mas o contraste que se segue entre o noivo e Safo é articulado em termos visuais ("quando te vejo"), dando ênfase e explorando a ficção ritual básica do momento, a ficção de que é no *anakalypteria* que o noivo vê a noiva sem véu pela primeira vez, e embora seja evidente que a própria Safo já a tenha visto inúmeras vezes antes, ela não consegue se acostumar à visão.

O poema é emoldurado por verbos de parecer. "Ele me parece" (*phaitenai*), assim começa. "Assim eu pareço para mim" (*phaitomai*), assim termina. O verbo grego φαίνεσθαι significa "ser visto", "aparecer", "fazer-se manifesto", "ser

---

[61] Na teoria (proposta pela primeira vez por Ulrich von Wilamowitz-Moellendorff, *Sappho und Simonides* [Berlim, Weidmann, 1913], p. 58), de que o fr. 31 foi na verdade realizado num casamento como uma espécie de *epithalamium* é difícil de acreditar. O poema não participa do significado daquilo que descreve, o que é necessário que a linguagem ritual faça, mas, antes, transforma-o em *tropo*. Para mais bibliografia sobre o fr. 31, cf. Emmet Robbins, "Every Time I Look at You... Sappho Thirty-One" ["Toda vez que eu te vejo... O trinta-e-um de Safo"], *Transactions of the American Philological Association*, 110, 1980, pp. 255-61; Joachim Latacz, "Realität und Imagination: eine neue Lyrik-Theorie und Sapphos *phainetai moi kenos*-Lied" ["Realidade e imaginação: uma nova teoria lírica e a canção *phainetai moi kenos* de Safo], *Museum Helveticum*, 42, 1985, pp. 67-94.

Desejo e sujeira

revelado". Como confissão de amor e, ao mesmo tempo, evocação do *anakalypteria*, este é um poema forjado "da própria revelação", como diz Longino. Mas nesse casamento não é a noiva que acaba sendo revelada. Não são os limites materiais de um véu de noiva que acabam sendo abertos. Não é o noivo que de repente vê o que não tinha visto antes. Safo construiu seu poema como um jogo com as formalidades rituais da cerimônia de desvelamento a fim de situar suas próprias emoções — emoções intensamente íntimas e devidamente escondidas — no instante singular mais extraordinário de exposição da vida de uma mulher, torcendo assim o sentido do ritual em direção a si mesma, com uma ironia referencial afiada como um raio de luz. O resultado é o que James Joyce chamaria de "infra-humano": a noiva é desvelada, mas é a poeta que se faz transparente. E, de um jeito estranho, o poema de Safo confirma tudo o que escutamos os gregos dizerem sobre as mulheres até aqui, isto é, que elas trazem caos e destruição aos limites e desafiam as regras que mantêm a matéria em seu lugar. Imagino que seja de propósito. De todos os rituais que sacralizam os limites femininos, Safo escolheu o mais solene e oficial, e o utilizou para explodir as distinções entre o que está fora e o que está dentro dela mesma. No fim, não sei se podemos definir com precisão o humor com que ela o faz. Safo é uma dessas pessoas de quem quanto mais vemos, menos sabemos. Mas bem poderia ter sido para Safo — como representante de toda a misteriosa e poluída feminilidade do mundo antigo — que Dorothy Parker compôs seu famoso epitáfio:

Se consegue me decifrar, chegou perto demais.

2.
TEMPO COMUM:
VIRGINIA WOOLF E TUCÍDIDES SOBRE A GUERRA

Gosto do modo como Tucídides começa seu relato sobre o conflito entre atenienses e peloponésios, o que nós chamamos de Guerra do Peloponeso. O relato só tem início no segundo livro de sua *História*, porque ele passa o primeiro contando o que veio antes do início, algo que ele chama de "arqueologia". Essa sua arqueologia parece uma poeira de anedotas, falas, as mesmas justificativas de sempre e as causas verdadeiras rodopiando no ar. Por outro lado, o início é afiado: ele nomeia sete formas diferentes de medir o tempo:

> A trégua de trinta anos que havia terminado após a captura de Eubeia permaneceu intacta por catorze anos; mas no décimo quinto, quando Crísis estava em seu quadragésimo oitavo ano como sacerdotisa em Argos, e Enésias era éforo em Esparta, e Pitódoros ainda tinha quatro meses por cumprir como arconte em Atenas, no décimo sexto mês após a batalha de Potideia, no início da primavera, alguns tebanos, pouco mais de trezentos, entraram armados em Plateia por volta da primeira vigília da noite... (2.2.1)

Tucídides fixa a data inicial da guerra de acordo com as formas de cálculo dos três estados helênicos mais importantes; aprendemos como se mede o tempo em Argos, Esparta e Atenas. O modo como cada povo mede o tempo revela um fato íntimo e local a seu respeito. Tucídides nos oferece um ponto de vista extremamente privilegiado sobre esses fatos, de modo que os olhamos de cima, como se fossem um mapa dos estados gregos, e vemos a engrenagem das vidas girando, cada uma em seu próprio fuso horário, cada uma com seus sistemas de medição, com seus nomes locais. Logo essa multiplicidade irá se fundir num só tempo e sistema, que responde pelo nome de "guerra". Mas primeiro nós os percebemos como fatos concretos distintos.

E então vemos a distinção sendo capturada por uma necessidade maior. Os fusos de Argos, Esparta e Atenas são moldados pela referência à captura de Eubeia e à batalha de Potideia, dois acontecimentos históricos pormenorizados pelo próprio Tucídides no livro I da *História*. O relato de um historiador irá necessariamente abarcar os modos locais de medir o tempo. Mas tampouco isso é definitivo.

O tempo historiográfico está ele mesmo limitado pelos hábitos da natureza. Tucídides decidiu que a história militar devia ser datada de acordo com as estações das campanhas militares. "Os acontecimentos da guerra foram registrados de acordo com a ordem dos fatos, de verão em verão e de inverno em inverno", diz ele, no começo do livro II (2.1.1). Não é de estranhar que ele tenha situado a entrada dos tebanos em Plateia, o que desencadeou a guerra — e que, portanto, veio logo antes do primeiro verão —, "no início da primavera..." (2.1.2).

E talvez porque o próprio Tucídides tivesse dificuldade para dormir (escreveu sua *História* no exílio, após ser banido, em 424 a.C., por sua incapacidade de impedir o jugo de Anfípolis, e é possível que tenha permanecido acordado durante vinte anos em algum lugar da Trácia ou do Peloponeso, acompanhando a guerra com toda a atenção durante o dia e escrevendo suas notas à noite), ele assinala o começo daquele longo intervalo com "por volta da hora da primeira vigília...".

Virginia Woolf escreveu "A marca na parede" no início da Primeira Guerra Mundial. Ela também começa pela cronologia. Mas ao contrário de Tucídides, ela não se eleva sobre o tempo comum até uma altura de onde possa ver as outras pessoas e seus cálculos. Ela permanece em seu próprio tempo. Exatamente no meio. "Foi talvez no meio de janeiro deste ano que eu..." Mas como saber o que é o meio? Em se tratando de tempo, é vago. Suas fronteiras alcançam as extremidades do que uma pessoa viu do lugar onde estava sentada. O que se viu foi fogo, uma luz amarela nas páginas, crisântemos na jarra redonda de vidro, fumaça de cigarro, brasas ardentes, uma velha fantasia com bandeiras carmesim e cavaleiros vermelhos subindo o penhasco negro. O que se viu foi o meio do tempo. Viu-se nada acontecendo ali, pois ali nada nunca acontece. Até que aconteça. "Para meu alívio, a visão da marca interrompeu..."

Para Virginia Woolf, assim como para Tucídides, é importante marcar o começo da guerra. Senão, e com que facilidade, ele se perderá no meio do tempo... "a mais misteriosa das perdas, sempre". Em 1914, ainda não havia fotos de casas em ruínas nem de cadáveres. E Tucídides nos conta que os tebanos entraram em Plateia "porque previram a vinda da guerra e quiseram tomar Plateia enquanto ainda havia paz, a guerra ainda não sendo evidente" (2.2.3). De fato, muito pouco era evidente naquela noite. Sem que ninguém notasse, os tebanos entraram sorrateiramente em Plateia, numa trama elaborada pelos rebeldes de dentro da cidade, e, súbito, esqueceram qual era a estratégia de ação. O plano era bastante claro: atacar imediatamente. Em vez disso, eles depuseram as armas no mercado, sentaram-se e proclamaram uma negociação. Por quê? Foi assim que começaram a morrer. Tucídides não oferece nenhuma explicação — "é acidental que este modo de vida seja, afinal, a nossa civilização", diz Virginia Woolf. Enquanto isso, os plateus desmontavam sua pró-

Tempo comum

45

pria civilização, de dentro para fora — cavando pelas paredes que separavam suas casas para se unirem e investirem com toda a força contra os tebanos. Aguardaram a escuridão que precede a alvorada.

E atacaram.

"Com o cabelo voando para trás como o rabo de um cavalo de corrida", diz Virginia Woolf sobre a rapidez da vida. A morte também é rápida — em ruas em pânico numa noite sem lua ("pois estas coisas se deram no final do mês", Tucídides observa [2.4.2]), e a chuva caía, não só a chuva, mas pedras e telhas de cerâmica vindas de mulheres e escravos, que ficavam nos telhados e as atiravam nos tebanos, aos gritos. Eles morreram porque na substância negra da noite do outro todas as ruas pareciam iguais... "tudo tão por acaso, tão a esmo...". Todas as árvores pareciam ser homens. Alguém trancou o portão pelo qual eles tinham entrado, não com uma cravelha propriamente dita, mas com a ponta de um dardo: já não havia mais regras! E talvez por isso mesmo eles de repente souberam, enquanto corriam escorregando pela lama, que a paz havia acabado, que agora era a guerra. Pois a paz é feita de generalizações. "Caminhadas nas tardes de domingo, almoços de domingo, e também os modos de falar sobre os mortos, sobre as roupas, sobre os hábitos — como o hábito de nos sentarmos todos juntos na sala até uma hora determinada, embora nenhum de nós gostasse. Para tudo havia regra." Ao passo que na guerra — "lançada aos pés de Deus, completamente nua!", diz ela; e ele descreve os tebanos, nus, sendo levados para um quarto no final de uma rua. Não fica claro se eram ou não *cativos*, no sentido técnico. É certo que a cidade de Tebas negociou de boa-fé a vida deles com Plateia, e depois alegou que os plateus prometeram, sob juramento, libertá-los (2.5.5). Plateia nega que qualquer juramento tenha sido feito (2.5.6). "Quando a coisa está feita, ninguém sabe dizer como aconteceu", diz ela, "não haverá nada além de espaços de luz e escuridão." Foi num espaço de luz ou de escuridão que todos aqueles tomados como prisioneiros foram assassinados — cento e oitenta no total —, incluindo Eurímaco, com quem os rebeldes haviam tratado primeiro, de modo que, quando o mensageiro chegou, já não sobrava mais nada que parasse em pé.

No início da guerra, quando as regras, o tempo e a liberdade estão apenas começando a escapar dos contornos, ainda é possível sentar e pensar com calma sobre uma marca na parede. Será que é preta, será que é um buraco, feito por um prego ou algo arredondado? Dependendo da luz, não parece que ela se destaca da parede e "lança uma sombra visível"? A especulação é uma coisa "satisfatoriamente filosófica", diz ela, e compara a si mesma com um coronel aposentado que especula a respeito dos montículos de terra em South Downs. Serão túmulos ou acampamentos? E faz diferença? Quando a guerra engrenar, em pouco tempo a maioria dos acampamentos serão túmulos. Tucídides nos conta que a guerra engrenou logo depois de Plateia:

> Dos dois lados, nada de reles em seus desígnios:
> eram a favor da guerra, e não sem razão. (2.8.1)

A razão e a força pertencem aos começos. "Pois, no começo, os homens se aferram com mais força", diz ele a respeito dos atenienses e peloponésios que se preparavam para a guerra (2.8.1). E, prosseguindo em sua reflexão sobre o tempo — carne do mundo, alento da guerra, que não voltará —, ele acrescenta:

> Só então a juventude — que era abundante no Peloponeso, abundante entre os atenienses —, a juventude (por sua inexperiência) abraçou a guerra.

Tempo comum

O tempo abraça a juventude, a juventude abraça a guerra. Veja como os círculos se encaixam. Veja como eles se movem e escorregam, girando ao redor de um centro que se torna cada vez mais vazio, cada vez mais escuro, até ficar tão preto quanto uma marca na parede.

Virginia Woolf termina "A marca na parede" abruptamente. Em meio a especulações, ela se dá conta de que há alguém em pé atrás dela, alguém que diz: "Estou saindo para comprar o jornal".

O que é mais estranho — e embora seja circunstancial, possa ser o motivo de ela ter terminado o ensaio desse modo —, é que percebemos imediatamente, e sem que ninguém nos diga, que esse alguém é um homem. É como Tucídides: só pode ser um homem. Não só por sua necessidade de jornais e por sua visão da guerra ("Se bem que não serve de nada comprar jornais... Nunca acontece nada. Essa guerra maldita!"), mas porque ele imediatamente toma a marca na parede pelo que ela é. Um caramujo é um caramujo. Mesmo nas horas vagas, os homens conhecem as marcações.

Em sua *História*, Tucídides começa a guerra no "início da primavera". Depois, passa a informar apenas as estações das campanhas militares: o tempo comum é marcado por "invernos e verões". A primavera desaparece. Por isso foi no inverno — menos de doze meses após o incidente em Plateia — que os atenienses, seguindo uma prática de seus antepassados, pagaram por um funeral público aos que haviam morrido no primeiro ano da guerra. Péricles declamou uma oração fúnebre por eles, na qual, dizem, comentou que os jovens que desapareciam do país eram como a primavera sendo removida do ano (Aristóteles, *Retórica*, 1411a3, cf. 1365a32). "Uma grande sublevação da matéria", diz Virginia Woolf logo antes de perceber que há alguém atrás dela. E, numa carta (escrita alguns anos depois), lembra-se daquele momento:

"Nunca me esquecerei do dia em que escrevi 'A marca na parede' — num piscar de olhos, como se voasse, após meses que passei quebrando pedras... Então Leonard entrou, e eu bebi meu copo de leite e disfarcei minha euforia." (Carta a Ethel Smyth, 16 de outubro de 1930)

3.
CANDURA

SERÁ QUE EU POSSO

Se você não é o sujeito livre que gostaria de ser, então precisa encontrar um lugar para expressar essa verdade. Para contar como são as coisas para você. A candura é como um novelo produzido dia após dia no estômago; ele precisa se desenredar para fora dali. Talvez você possa sussurrar na boca de um poço. Talvez possa escrever uma carta e guardá-la numa gaveta. Talvez possa gravar uma maldição numa fita de chumbo e enterrá-la para que ninguém a leia por milhares de anos. O objetivo não é encontrar um leitor, mas contar o que tem para contar. Pense numa pessoa sozinha num quarto. A casa em silêncio. Ela olha para um pedaço de papel. Nada mais existe. Todas as suas veias levam a esse papel. A pessoa pega a caneta e deixa nele marcas que ninguém jamais verá, ela outorga ao papel uma espécie de excedente, e arremata com um gesto tão particular e preciso quanto o seu próprio nome.

ENTÃO 3

Pense em Jane Wells. O papel que ela segura nas mãos é uma carta de Rebecca West, a amante de seu marido. Ele, H. G. Wells, um socialista do sexo, gostava que suas mulheres estivessem em consentimento mútuo. Eram muitas mulheres. Jane acompanhava seus movimentos, às vezes as convidava para o chá da tarde, enviava-lhes telegramas para desejar felicidades quando davam à luz os bastardos de H. G. e recebia delas desejos de "melhoras" quando ficava doente. "Você esteve tão doente... tive tanta pena... fico tão feliz...", escreveu Rebecca West. Eu me pergunto quanto tempo Jane Wells ficou estudando essa carta antes de pegar um lápis e grifar, delicadamente, um trecho aqui e outro ali e acrescentar pontos de exclamação que transformaram a carta num documento de outra ordem. Eu me pergunto por que ela fez isso. Ela dificilmente esperava que mais alguém fosse ler aquela página. Mas certas considerações sobre a particularidade e a precisão levaram sua mão a aperfeiçoar a carta de um determinado jeito, a registrar seu humor, a sussurrar no papel certa resistência à falsidade das frases da outra mulher. "A candura — meu preceptor — é a única astúcia", escreveu Emily Dickinson numa carta a T. W. Higginson, em fevereiro de 1876.

DUPLO 2

Pense em Helena. Que mulherão. Ela tinha todos os homens da Grécia na palma da mão, fugiu para Troia e lá também deixou todo mundo encantado. Isso em parte devido à sua beleza, em parte devido ao seu intelecto preciso e particular. Homero não perde tempo descrevendo a beleza de Helena, mas nos apresenta sua mente em detalhes. Foi num daqueles longos fins de tarde durante a guerra. Homero corta a cena do campo de batalha para o silêncio do quarto de Helena, e nos diz que ela estava:

Em seu quarto, tecendo um grande tecido
Duplo e vermelho, e nele polvilhou cenas
Das muitas disputas em que troianos domadores
                              [de cavalos e
Aqueus vestidos de bronze
Foram manipulados por Ares por causa dela

(Homero, *Ilíada*, 3.126-9)

É claro que todas as mulheres de Homero tecem, esse é o trabalho feminino por excelência — porque toda casa precisa de tecidos. Porque os desígnios femininos são tão emaranhados e propositados quanto as teias. Por causa daquele novelo no estômago. No entanto, o que Helena tece é algo especial — duplo e vermelho e estranhamente *agora*. Desde a Antiguidade, os críticos têm admirado essa paráfrase recíproca entre Homero e Helena. Cada um é, a seu modo, profundamente prisioneiro, profundamente ardiloso, fazedores de marcas. Na narração dele, a narração dela é "polvilhada" — um verbo engraçado, como se fosse sal ou semente —, numa espécie de infinito retrocesso da candura. Ela não é só mais um objeto apreendido e utilizado por um homem em nome de sua arte, ela espia o lado de fora.

TAMBÉM

"Jane" não era o nome verdadeiro da mulher de H. G. Wells. Seu nome era Amy Catherine. Amy Catherine não era do agrado de H. G., então ele a batizou como Jane, nome que, segundo ele, personificava as habilidades domésticas. Eles foram casados por quase quarenta anos, e Jane cumpriu as expectativas domésticas de H. G. Mas às vezes ele dizia que "via Amy Catherine me espiar de dentro dos olhos castanhos de Jane, e depois desaparecer" (H. G. Wells, *Experiments in Autobiography*).

ELA

Para fins comparativos, eis o texto de uma maldição gravada numa placa de chumbo, de 8 x 3 cm, com texto dos dois lados, enrolada, presa por um prego e enterrada, encontrada na Beócia, de data desconhecida, possivelmente do século IV a.C.:

> [lado A]
> Eu amarro Zois de Erétria, mulher de Kabeiras,
> diante da Terra e de Hermes, amarro seu comer
> seu beber seu dormir
> sua risada seu sexo seu modo de tocar a lira seu
> jeito de entrar nos lugares
> seu prazer suas pequenas nádegas seus pensamentos seus olhos
> [lado B]
> e diante de Hermes eu amarro seu caminhar suas palavras suas mãos seus pés sua conversa maligna
> sua alma inteira.

4.
DESCRIAÇÃO:
DE QUE MODO MULHERES COMO SAFO,
MARGUERITE PORETE E SIMONE WEIL
CONTAM DE DEUS

Este ensaio é sobre três mulheres e terá três partes. A primeira diz respeito a Safo, uma poeta grega do século VII a.C. que viveu na ilha de Lesbos, escreveu alguns poemas de amor famosos e de quem se diz que organizou a vida em torno do culto à deusa Afrodite. A segunda parte concerne a Marguerite Porete, queimada viva em praça pública em Paris no ano de 1310 por ter escrito um livro sobre o amor de Deus que foi considerado herético pelo inquisidor papal. A parte três é sobre Simone Weil, filósofa e classicista francesa do século XX, a quem Camus chamou de "o único grande espírito da nossa época".

PARTE UM

E se eu começasse um ensaio sobre temas espirituais citando um poema que a princípio não lhes parecerá nada espiritual? O fragmento 31 de Safo diz:

Ele me parece igual aos deuses este homem
quem quer que seja ele que na tua frente
senta-se e ouve atento
a tua doce voz

e gracioso riso — ah o
coração no meu peito ganha asas
pois quando te vejo, por um instante apenas,
fico sem palavras

não: a língua trava e escarço
fogo corre sob a pele minha
e nos olhos não há vista e um rufar
enche os ouvidos

e o suor frio me detém e o tremor
me apresa inteira, mais verde que a relva
sou e morta — ou quase
assim a mim me pareço...

Mas tudo é desafiável, pois mesmo um pobre...[1]

Este poema foi preservado pelo crítico literário Longino, que cita quatro estrofes completas de Safo e a primeira linha do que parece ser uma quinta estrofe, que se interrompe, não se sabe por quê. Mas as primeiras quatro estrofes parecem compor uma unidade de música e pensamento. Consideremos o pensamento. Ele chega a nós banhado em luz, mas é a luz esquisita e confinada da introspecção. Safo está criando uma trama no teatrinho de sua mente. Parece ser uma trama erótica, mas os personagens são anônimos, suas inter-relações, obscuras. Não sabemos por que a moça ri, tampouco o que faz o homem lá, nem como a reação de Safo pode fazer sentido. Ela parece menos interessada nesses personagens como indivíduos, e mais na figura geométrica que eles formam, com

---

[1] Safo, fragmento 31, em *Sappho et Alcaeus Fragmenta*, Eva-Maria Voigt (ed.), Amsterdã, Polak & Van Gennep, 1971.

três retas e três ângulos. Uma primeira reta conecta a voz e o riso da moça a um homem que escuta atento. Uma segunda conecta a moça a Safo. Do olho de Safo ao homem que ouve, estende-se a terceira. A figura é um triângulo. E por que ela quis encenar essa figura? O bom senso sugere tratar-se de um poema de ciúme. "Todo amante apresenta sintomas como esses", diz Longino. Pensemos então no que é o ciúme dos amantes.

A palavra vem do grego antigo *zelos*, "zelo", ou "perseguição acalorada". Um amante enciumado cobiça certa posição no centro dos afetos de quem ama e constata que ela está ocupada por outra pessoa. Se o ciúme fosse uma dança, seus passos seriam: posicionar, deslocar. O foco emocional do ciúme é instável. Todos se movem nessa dança.

O poema de Safo monta todo um cenário de ciúme, mas ela própria fica de fora e não dança. Na verdade, concluída a primeira estrofe, ela parece se esquecer completamente da presença de seus parceiros de dança, passando a apontar o refletor para si mesma. E o que vemos nesse foco de luz é um espetáculo inesperadamente espiritual. Safo descreve suas habilidades perceptivas (visual, auditiva, tátil) sendo reduzidas, uma após a outra, até a disfunção. Ela nos mostra os objetos de seus sentidos exteriores se esvaziando; e ali, no palco excessivamente iluminado, no centro de sua percepção, ei-lo — seu próprio Ser: "[Eu] sou...", diz no verso 15 ("mais verde que a relva sou").

Este não é só um momento de revelação da existência: é também um acontecimento espiritual. Safo entra em êxtase. "Mais verde que a relva sou...", diz ela, arrogando ao seu próprio Ser um atributo observável apenas de fora de seu corpo. É esta a condição chamada de *ekstasis*, literalmente "estar fora de si", condição que para os gregos era típica dos loucos, dos gênios e dos amantes, e atribuída aos poetas por Aristóteles.

Descriação

O êxtase provoca uma mudança em Safo e outra no poema. Ela própria acaba, como ela diz, quase morta. Parece que seu poema colapsa e para. Mas é então que, possivelmente, os dois começam outra vez. Digo "possivelmente" porque a história do último verso é enigmática; ele é visto com suspeita por alguns estudiosos, ainda que apareça em Longino e seja corroborado por um papiro. Tentemos enxergar alguma coerência com o que vem antes.

"Mas tudo é desafiável, pois mesmo um pobre...", é o que diz o último verso. É um pensamento novo. O conteúdo do pensamento é o desafio absoluto. A condição para esse pensamento é a pobreza. Não quero passar alguma impressão de saber do que o verso está falando, ou de enxergar o caminho que o poema tomará depois dele, porque não sei e não vejo. Mas fico me perguntando. Safo trama um cenário de ciúme, mas não é disso que trata o poema: o ciúme é apenas uma figura. Safo trama um evento de êxtase, mas o poema também não trata disso: o êxtase é apenas um meio. E infelizmente não chegamos ao fim, o poema se interrompe. Mas o que podemos ver é Safo começando a se dirigir para esse fim inalcançável. Vemos seus sentidos se esvaziarem; vemos seu próprio Ser sendo jogado para fora de seu centro, e dali ele a observa como se ela fosse relva, ou como se estivesse morta. E aqui permito-me especular: admitindo que este é um poema sobre o amor, precisamos nos limitar a uma leitura que seja mera ou convencionalmente erótica? Afinal, há historiadores que acreditam que Safo tenha sido não apenas poeta do amor e devota de Afrodite em Lesbos, mas também sacerdotisa do culto a Afrodite, alguém que ensinava suas doutrinas. Talvez o poema de Safo queira nos ensinar algo sobre a metafísica, ou até sobre a teologia do amor. Talvez o que ela esteja propondo não seja o lamento típico da canção de amor, *Por que não me amas?*, mas uma pergunta espiritual mais profunda, *O que o amor desafia o Eu a fazer?* O desafio entra no poema no último verso, quando Safo usa a palavra *tólmaton*: "a ser desafiado". Essa palavra é um adjetivo verbal e expressa possibilidade ou potencial. Safo diz que este é um potencial *absoluto*:

> *pan tólmaton*: *tudo* é desafiável

Além disso, ela consente com o desafio — ou parece estar prestes a consentir quando o poema se interrompe. E por que consente? Sua explicação não existe mais. Até onde vai, ela nos leva de volta à sua condição extática. Pois quando perguntamos a uma pessoa em êxtase: *O que o amor desafia o Eu a fazer?*, ela responde:

> O amor desafia o Eu a deixar-se para trás,
> [a adentrar a pobreza.

PARTE DOIS

Marguerite Porete foi queimada na fogueira em 1310 por ter escrito um livro sobre o absoluto desafio do amor. *O espelho das almas simples*[2] é tanto um tratado teológico quanto uma espécie de manual para os que buscam Deus. A doutrina central de Maguerite Porete é a de que a alma humana pode avançar por sete estágios diferentes do amor, a

---

[2] Marguerite Porete, *Le Mirouer des simples âmes anienties et qui seulement demeurent en vouloir et désir d'amour*, R. Guarnieri (ed.), *Archivio Italiano per la Storia della Pietà*, 4, 1965, pp. 513-635. O texto foi escrito em francês antigo; há duas versões recentes em inglês que consultei e adaptei: Marguerite Porete, *The Mirror of Simple Souls*, E. Babinsky (trad.), Nova York, Paulist Press, 1993; *The Mirror of Simple Souls*, E. Colledge, J. C. Marler e J. Grant (trads.), Notre Dame, Indiana, Notre Dame University Press, 1999, doravante MP.

Descrição

começar por um período de "desejo ardente",[3] até um êxtase no qual a alma é levada para fora do seu próprio Ser, deixando a si mesma para trás. Esse sair do seu próprio centro não é um ato passivo. Como Safo, Marguerite Porete descobre na realidade uma espécie de demanda absoluta, e então consente a ela. Como Safo, ela se vê dividida em duas ao consentir, e vive essa experiência como um "aniquilamento". O raciocínio de Marguerite é severo: ela entende que a essência de seu "eu humano" é seu livre-arbítrio, e então decide que o livre-arbítrio foi colocado nela por Deus, para que ela pudesse devolvê-lo a Ele. Portanto, ela faz com que o seu arbítrio saia de seu próprio arbítrio e se entregue de volta a Deus, sem deixar nada para trás. É assim que ela descreve esse evento:

> ... uma expansão arrebatadora do movimento da Luz divina é derramada n'Alma e mostra ao Arbítrio [a retidão do que existe... a fim de mover a alma] do lugar onde ela agora está e não deveria estar, e devolvê-la para lá, onde ela não está, de onde veio e onde deveria permanecer. Agora o Arbítrio vê... que não pode ganhar nada a não ser que saia de seu próprio arbítrio. E então a Alma se despede desse arbítrio e o Arbítrio se despede dessa Alma, e então cede, entrega-se e retorna a Deus, de onde fora inicialmente tirado, e não conserva nada que seja seu...[4]

À luz do relato de Safo sobre o êxtase e suas consequências, é notável que quando a abundância de Deus a transborda, Marguerite Porete refira-se a si mesma como:

---

[3] MP, cap. 118.

[4] *Ibidem*.

Eu, que estou no abismo da pobreza absoluta.[5]

Ela também descreve esse empobrecimento como uma condição de negação física e metafísica:

Agora essa Alma é nada, pois enxerga o nada que ela mesma é por intermédio da abundância do entendimento divino, que faz dela nada e a insere no nada.[6]

Ao longo do *Espelho* ela fala de si como nula, sem valor, deficiente, desfavorecida e nua. Mas ao mesmo tempo reconhece sua pobreza como uma forma incrível e inefável de repleção; e sobre esse vazio absoluto, que é também plenitude absoluta, escreve em linguagem erótica, referindo-se a Deus como "Amante abundante e transbordante", ou como "Esposo da minha juventude".[7] O que é ainda mais interessante para nossa analogia com Safo é que duas vezes Marguerite Porete propõe o ciúme como figura de sua relação com Deus. Assim, refere-se a Deus como "O mais elevado Ciumento", e fala da relação de Deus com sua Alma da seguinte forma:

Ciumento Ele é, verdadeiramente! Ele o demonstra em sua obra, que me privou absolutamente de mim mesma e me inseriu no prazer divino, sem mim. E através da alteza soberana da criação essa união me unifica e me reúne com o esplendor do ser divino, pelo qual tenho o ser que é ser.[8]

---

[5] MP, cap. 38.

[6] MP, cap. 118.

[7] MP, caps. 38, 118.

[8] MP, cap. 71.

Descriação

Aqui temos um triângulo erótico incomum: Deus, Marguerite e Marguerite. Mas seu movimento exerce o mesmo efeito extático que aquele da situação com as três pessoas do poema de Safo. Marguerite sente seu ser sendo extraído de si e lançado a uma condição de pobreza, com a qual ela consente. Seu consentimento tem a forma de uma fantasia triangular especialmente intensa:

> ... e pensei, como se Deus estivesse me perguntando, como eu lidaria se soubesse que ele prefere que eu ame outro mais do que o amo? E nisso meus sentidos me abandonaram, e eu não soube o que dizer. Em seguida, ele me perguntou como eu lidaria se ele pudesse amar outro mais do que a mim? E aqui meus sentidos me abandonaram, e eu não soube o que dizer.... Além disso, perguntou-me o que eu faria e como lidaria se acontecesse de ele preferir que outro me amasse mais do que ele... Então desmaiei, pois nada poderia dizer em resposta a essas três coisas, nem recusar nem negar.[9]

Perceba como Marguerite revira a fantasia de todos os jeitos, alternando as pessoas e reinventando sua angústia. O ciúme é uma dança em que todos se movem. É uma dança de natureza dialética. Pois a amante enciumada deve equilibrar duas realidades contraditórias em seu coração: de um lado, a de si mesma no centro do universo, dona do próprio arbítrio, oferecendo amor ao seu amado; de outro, a de si mesma fora do centro do universo e, contra sua vontade, vendo seu amado amar outra pessoa. A colisão bruta dessas duas realidades leva a amante a uma espécie de colapso — como vi-

---

[9] MP, cap. 131.

mos no poema de Safo —, cujo efeito é a exposição de seu próprio Ser ao seu próprio escrutínio e seu deslocamento do centro de si. Consentir a esse colapso, em vez de apenas reconhecê-lo, seria uma das maiores provas de resistência dialética. Safo parece estar prestes a entrar numa disposição favorável ao consentimento quando seu poema se interrompe. Marguerite desmaia três vezes antes de conseguir fazê-lo. E então, com uma clareza psicológica tão impressionante quanto a de Safo, Marguerite escancara as consequências da sua própria dor. Esta é a análise que ela faz daquilo que enxerga quando olha para dentro de Marguerite:

> Enquanto eu estivesse à vontade e amasse a mim "com" ele, não seria capaz de me conter ou de ter calma: eu estava cativa e não podia me mover... Eu amava tanto a mim "com" ele que não podia responder com lealdade... E, no entanto, ele ordenou que eu respondesse de uma vez por todas, se não quisesse perder tanto a mim quanto a ele... E eu lhe disse que ele devia me pôr à prova em tudo.[10]

Marguerite atinge aqui o fundo do poço, quando encara o fato de que a lealdade a Deus é na verdade obstruída pelo amor que ela tem por ele, já que esse afeto, como quase todo sentimento erótico humano, é em boa parte um amor por si próprio: ele torna Marguerite cativa de Marguerite, e não de Deus. Seu raciocínio se vale da figura do ciúme de duas maneiras. Ela o vê como uma explicação para os sentimentos de divisão interior; e também apresenta o ciúme como sendo posta à prova a sua habilidade de se des-centrar, de sair do caminho, de retirar seu próprio coração e seu pró-

---

[10] *Ibidem.*

Descriação

prio arbítrio do caminho que leva a Deus. Pois para que seja possível "responder com lealdade" (como ela diz), ela não pode permanecer unida ao seu coração ou ao seu desejo, não pode amar seu próprio amor, nem amar a si mesma amando, nem amar ser amada. E na medida em que é capaz de "aniquilar" — termo dela — esses três processos, consegue transformar os três ângulos da dança do ciúme num único estado de nudez e reduzir seu Ser de três para dois, de dois para um:

> Agora esta Alma... deixou o três e fez de dois, um. Mas no que consiste este um? É o um de quando a Alma é convertida na Deidade simples, em saber pleno, sem sentimentos, para além do pensamento... Nada é mais elevado, nada é mais profundo, nenhuma nudez humana é maior.[11]

PARTE TRÊS

Simone Weil também foi uma pessoa que quis se retirar do caminho para alcançar Deus. "O eu", ela escreve num de seus cadernos, "é apenas uma sombra projetada pelo pecado e o erro, que bloqueia a luz divina, e que eu entendo como um Ser". Ela traçou um plano para tirar o "eu" do caminho e lhe deu o nome de "descriação". A palavra é um neologismo; Simone Weil não lhe deu nem definição exata nem grafia consistente. "Desfazer a criatura que há em nós" é uma das formas como ela define sua finalidade.[12] E quando ela fala sobre seus métodos, utiliza uma linguagem que pode parecer

---

[11] MP, cap. 138.

[12] Simone Weil, *Gravity and Grace*, A. Wills (trad.), Lincoln, Nebraska, University of Nebraska Press, 1997, 81, doravante SW.

familiar. Como Marguerite Porete, ela expressa a necessidade de restituir a Deus aquilo que Deus dera a ela, isto é, o "eu":

> Não possuímos coisa alguma na terra além do poder de dizer "eu". É isto o que devemos entregar a Deus.[13]

E, como Marguerite Porete, ela retrata essa entrega como um modo de se pôr à prova:

> Deus deu-me o Ser para que eu o devolvesse a ele. É como uma daquelas armadilhas com que os personagens dos contos de fadas são postos à prova. Aceitar este dom será para mim algo ruim e fatal; a virtude contida nele se tornará aparente através da minha recusa. Deus me permite existir fora dele. Foi para que eu recusasse essa autorização.[14]

E também como Marguerite Porete, ela sente que é, intimamente, um obstáculo para si mesma. Para ela, o processo de descriação envolve deslocar-se de um centro onde ela não pode permanecer, pois essa permanência impede a presença de Deus. Ela fala da necessidade de "ausentar-se de minha própria Alma":

> Deus só pode amar em nós o consentimento de nos ausentarmos para assim abrirmos caminho para ele.[15]

---

[13] *Ibidem*, 71.

[14] *Ibidem*, 87.

[15] *Ibidem*, 88.

Descriação

Mas detenhamo-nos por ora nessa afirmação sobre o consentir e o ausentar-se. Aqui Simone Weil se envolve numa negociação estranhamente difícil e desafiadora, que me parece evocar tanto Marguerite Porete quanto Safo. Pois Simone Weil deseja descobrir na figura triangular do ciúme as linhas de força que ligam uma alma a Deus. Ela não chega, contudo, a fantasiar relações comuns entre amantes humanos. O triângulo erótico que Simone Weil constrói envolve Deus, ela própria e a totalidade da criação:

> Tudo o que vejo, ouço, inalo, toco, como; todos os seres que encontro — eu privo todas essas coisas de qualquer contato com Deus e privo Deus de qualquer contato com elas na medida em que algo em mim diz "eu". Mas posso fazer algo por tudo isso e por Deus — posso retirar-me e respeitar o *tête-à-tête*...
>
> Devo me ausentar para que Deus possa entrar em contato com os seres que o acaso põe em meu caminho, seres que ele ama. É insensível de minha parte estar lá. É como se me pusessem entre dois amantes ou dois amigos. Não sou a donzela que aguarda seu prometido, mas a terceira pessoa inoportuna, que deve ir embora para que eles possam estar realmente juntos.
>
> Se ao menos eu soubesse como fazer para desaparecer, haveria uma perfeita união amorosa entre Deus e a terra em que piso, o mar que ouço...[16]

Se ao menos ela pudesse tornar-se o que Marguerite Porete chama de "alma aniquilada", se ao menos pudesse alcançar a transparência da condição extática de Safo, condição "mais verde que a relva e quase morta", Simone Weil

---

[16] *Ibidem.*

sentiria ter livrado o mundo de uma indiscrição. O ciúme é uma dança na qual todos se movem porque há sempre alguém sobrando — três pessoas que tentam se sentar em duas cadeiras. Vimos como essa terceira pessoa é destacada no texto de Marguerite Porete com o uso engenhoso das aspas. Lembrem-se da sua observação lamentosa:

> Eu amava tanto a mim "com" ele que não podia responder com lealdade.[17]

Quando li essa frase pela primeira vez, me pareceu estranho o fato de Marguerite Porete ter colocado as aspas em volta do "com", e não em volta de um dos pronomes. Mas Marguerite sabe o que faz: o problema aqui não são as pessoas. O problema é o estar com. Ela tenta usar a linguagem mais simples, os sinais mais diretos, para expressar um fato espiritual profundamente caviloso, a saber, que não se pode, em amor, ir na direção de Deus sem levar também a si mesma. E então, no sentido mais profundo possível, nunca podemos estar a sós com Deus. Só podemos estar a sós "com" Deus.

Entrever esse fato provoca um baque na percepção, pressiona a pessoa a tal ponto que ela precisará desaparecer de si mesma para conseguir observar. Como diz e deseja Simone Weil:

> Se ao menos eu pudesse ver uma paisagem tal como ela é quando não estou lá. Mas quando estou em qualquer lugar, perturbo o silêncio do céu com as batidas do meu coração.[18]

---

[17] MP, cap. 131.

[18] SW, 89.

Descriação

Como vimos, Marguerite Porete encontrou uma maneira de traduzir as batidas de seu coração no par de aspas em volta da palavra "com". E Safo encontrou uma maneira de registrar as batidas de seu coração enquanto imaginava a ausência deste — pois certamente é essa a função realizada em seu poema pelo "homem que na tua frente se senta e ouve com atenção". Esse homem, Safo nos diz, é "igual aos deuses"; mas não poderíamos lê-lo como o modo de ela representar "a paisagem tal como ela é quando não estou lá"? É uma paisagem onde a alegria é tão plena que parece não estar sendo vivenciada. Safo não elabora a descrição dessa paisagem, mas Marguerite Porete oferece um relato impressionante de uma alma em condição parecida:

> Essa Alma... nada no mar de alegrias — isto é, no mar de delícias que flui e emana da Divindade, e ela não sente a alegria, pois ela mesma é alegria, e nada e flutua na alegria sem sentir qualquer alegria, porque habita a Alegria e a Alegria a habita...[19]

Parece coerente com o projeto de descriação de Simone Weil que, embora ela também reconheça essa espécie de alegria sem alegria, não veja nela uma oportunidade de nadar, mas sim de excluir e negar:

> A alegria perfeita exclui até a sensação de alegria, pois na alma preenchida pelo objeto não sobra ângulo algum do qual se possa dizer "eu".[20]

---

[19] MP, cap. 28.

[20] SW, 77.

Parte quatro

Visto que estamos entrando na quarta parte de um ensaio em três partes, devemos nos preparar para certo grau de inconsequência. Não sinto que seja eu a causa de tal inconsequência. Antes, ela se origina nas três mulheres que estamos estudando, e sua causa é o fato de serem elas escritoras. Quando Safo nos diz que está "quase morta", quando Marguerite Porete diz que deseja se tornar uma "alma aniquilada", quando Simone Weil diz que "participamos da criação do mundo ao nos descriarmos", como podemos encaixar essas ideias sombrias na brilhante afirmação do eu que é o projeto de escrita compartilhado por todas elas, o projeto de contar ao mundo a verdade sobre Deus, o amor e a realidade? A resposta é: não podemos. Não por acaso, Marguerite Porete chama seu livro de *Espelho*. Ser escritora é construir um grande, barulhento e cintilante centro para o "eu", a partir do qual a escrita ganha voz; e qualquer pretensão de estarmos decididas a aniquilar esse "eu" enquanto continuamos a escrever e a dar voz à escrita há de nos envolver em alguns importantes gestos de subterfúgio ou contradição.

O que nos leva à contradição e seu uso. Sobre isso Simone Weil fala abertamente:

A contradição é a única prova de que não somos tudo. A contradição é a nossa miséria, e sentir a nossa miséria é sentir a realidade. Pois não somos nós a inventar a nossa miséria. Ela é verdadeira.[21]

Para Simone Weil, aceitar a verdadeira miséria de sermos humanos é o começo de uma alegria dialética:

---

[21] *Ibidem*, 148.

Descriação

Se encontramos a alegria plena na ideia de que Deus é, devemos encontrar a mesma plenitude na certeza de que nós mesmos não somos, pois trata-se da mesma ideia.[22]

Nada e alguma coisa são dois lados da mesma moeda, pelo menos para uma mente dialética. Como diz Marguerite Porete:

Nada é nada, e algo é o que é. Portanto, não sou, se é que sou algo, exceto aquilo que Deus é.[23]

Ela também diz:

Deus, sois uma bondade vertida sobre bondade, absoluta em vós. E eu sou uma maldade vertida sobre maldade, absoluta em mim.[24]

A visão de Marguerite Porete é dialética, mas não trágica: ela imagina uma espécie de imersão quiasmática, ou de mútua absorção, pela qual esses dois opostos absolutos — Deus e a alma — poderão finalmente se unir. E emprega muitas imagens dessa união. O ferro, por exemplo, que quando colocado na fornalha acaba por se transformar em fogo; ou um rio que perde seu nome quando deságua no mar.[25] Suas imagens comuns nos levam para além da explicação dialética de Deus e a alma. Pois a dialética é um modo de raciocinar, de pôr em uso o "eu" intelectual. Mas a alma que o amor

---

[22] *Ibidem*, 84.

[23] MP, cap. 70.

[24] MP, cap. 130.

[25] MP, caps. 25, 82.

conduziu a Deus, a alma consumida como que em fogo ou dissolvida como que em água — tal alma não possui o intelecto intacto de um ser humano comum, do qual se depreendem relações dialéticas. Ou seja, tal alma ultrapassa o lugar onde pode contar do que sabe. Contar é uma função do "eu".

Essa situação é um grande problema para quem escreve. É mais do que uma contradição, é um paradoxo. Marguerite Porete aborda o tema no começo de seu *Espelho* e, como é comum em sua escrita, não faz concessões:

> Pois aquele que falar de Deus... não deve duvidar e sim saber sem sombra de dúvida... que nunca sentiu o verdadeiro cerne do Amor divino, que deixa a Alma absolutamente deslumbrada sem que ela o saiba. Pois este é o verdadeiro cerne purificado do Amor divino, que não é feito da matéria das criaturas, que é dado pelo Criador à criatura e *retira absolutamente a capacidade de contar*.[26]

Aqui Marguerite faz uso de uma charada de escritora. Nenhuma pessoa que fala de Deus pode ter sentido o Amor de Deus, afirma ela, pois esse Amor "retira absolutamente a capacidade de contar". Ela reforça esse ponto mais adiante quando argumenta que, depois que uma alma sentiu o Amor divino, ninguém além de Deus será capaz de entender essa alma (capítulos 19 e 20). A essa altura poderíamos nos sentir impelidos a questionar o que, exatamente, Marguerite Pore-

---

[26] MP, cap. 18, grifos meus. O texto do capítulo 18 é controverso; o manuscrito mais antigo que se tem do livro de Marguerite Porete no francês de origem (feito por volta de 1450) não contém a frase em itálico, enquanto uma tradução anterior para o latim (feita por volta de 1350) a contém. Cf. Paul Verdeyen, "La première traduction latine du *Miroir* de Marguerite Porete", *Ons Geestelijk Erf*, 50, 1984, pp. 388-9.

Descriação

te pensa que está fazendo nos capítulos restantes de seu livro — são 139 ao todo —, em que relata, passo a passo, os progressos da alma em direção à aniquilação em Deus. Poderíamos nos perguntar de que se trata tudo isso que ela está contando. Mas dificilmente receberemos uma resposta dela. Acho que dificilmente uma escritora precavida em assuntos de Deus e da alma se aventuraria a cravar esse tipo de coisa. Muito pelo contrário — uma escritora desse tipo sente que sua obrigação é justamente nos deixar perplexos. Observemos mais de perto de que modo funciona essa compulsão. Falamos que contar é uma função do "eu". Se estudarmos a maneira pela qual essas três escritoras falam sobre o que elas próprias contam, poderemos ver como cada uma se sente levada a criar uma espécie de sonho de distância, no qual o eu é deslocado do centro da obra e quem conta desaparece no que é contado.

Vamos começar com Simone Weil, que era uma pessoa prática e providenciou o seu desaparecimento em muitos níveis diferentes. Entre outras coisas, acredita-se que tenha apressado a própria morte por tuberculose em 1943 com uma greve de fome voluntária, feita em apoio às pessoas na França que não tinham o que comer. Qualquer que seja o caso, quando seus pais insistiram que fugissem da França rumo à América, em 1942, ela os acompanhou por algum tempo, com relutância, deixando para trás, nas mãos de um tal Gustave Thibon (um fazendeiro em cuja vinícola ela havia trabalhado), cerca de doze cadernos com reflexões íntimas (que agora compõem boa parte de sua obra publicada). Em carta, ela lhe disse que usasse as ideias contidas nos cadernos como bem entendesse:

> Então agora lhe pertencem e espero que após terem se transmutado dentro de você, possam um dia ressurgir em alguma obra sua... Eu ficaria muito feliz

caso elas encontrassem morada sob a sua pena, mudando de forma para refletir o seu semblante...

Na operação da escrita, a mão que segura a pena, bem como o corpo e a alma que a acompanham, são coisas infinitamente pequenas na ordem do nada.[27]

Gustave Thibon nunca mais viu Simone Weil, tampouco seguiu as instruções de sua carta, de transmutar as ideias dela em ideias suas — ao menos não explicitamente. Em vez disso, fuçou os cadernos, extraiu as passagens mais vibrantes e as agrupou com títulos como O Eu, O Vazio, O Impossível, Beleza, Álgebra, Sorte, O Sentido do Universo, e então as publicou em livro, e na folha de rosto pôs o nome de Simone Weil como autora.[28] Isto é: fez um verdadeiro esforço para restituí-la ao centro de si mesma, e o grau em que ela, a despeito disso, escapa desta reacomodação é algo bastante difícil de ser julgado de fora por leitores como eu e você. Mas admiro o conselho delicado que ela lhe dá no fim de sua carta de 1942:

> Também gosto de imaginar que depois do leve choque da separação você não sentirá nenhum pesar pelo que poderá acontecer comigo, e que, se em algum momento pensar em mim, será da maneira como pensamos num livro lido na infância...[29]

Quando penso em livros lidos na infância, vejo-os em minha mente violentamente reduzidos e contornados de uma escuridão indefinida; mas, ao mesmo tempo, de alguma ma-

---

[27] SW, 11.

[28] Simone Weil, *La pesanteur et la grâce*, Paris, Plon, 1948.

[29] SW, 12.

Descriação

neira eles brilham com a intensidade quase sobrenatural das coisas vivas, que nenhum livro de adulto jamais poderá ter. Lembro de um livrinho que me foi dado quando eu tinha por volta de cinco anos, *As vidas dos santos*. Nesse livro, as muitas flores que compunham as coroas dos mártires eram vertidas em palavras e tinta com tanto gosto que precisavam me segurar para que eu não comesse as folhas do livro. É interessante conjecturar sobre o gosto que eu esperava sentir naquelas páginas. Mas talvez o ímpeto de comer páginas não tenha muito a ver com o gosto. Talvez tenha a ver com ter sido colocada na encruzilhada de uma contradição, que é um lugar doloroso de estar; as crianças e sua sabedoria natural não aceitam estar nesse lugar, mas os místicos adoram. Simone Weil, então:

> A grande angústia do homem, que começa na infância e o acompanha até a morte, é que comer e olhar sejam duas operações diferentes. O estado de eterna bem-aventurança é aquele em que olhar é comer.[30]

Durante toda a vida, Simone Weil teve dificuldades com a alimentação. Muitas mulheres têm. Não há nada que nos lembre com tanta força ou frequência da nossa existência física quanto a comida e a necessidade de comê-la. Ela cria então em sua mente um sonho de distância em que a comida pode ser apreciada, talvez, do outro lado da sala e apenas com o olhar, em que o desejo não precisa levar ao perecimento, um sonho em que aquele que ama pode permanecer ao mesmo tempo perto e longe do objeto de seu amor.

Comida e amor eram contradições análogas para Simone Weil. Ela não fruiu livremente de nenhum dos dois em sua vida e permaneceu desconfortável em sua relação imaginária

---

[30] SW, 153.

com ambos. Mas afinal, a eterna bem-aventurança não é o único estado em que olhar é comer. A página escrita também pode reificar esse paradoxo para nós. Quem escreve pode contar do que está ao mesmo tempo perto e longe.

Assim, por exemplo, na terminologia original de Marguerite Porete, o sonho de distância de quem escreve torna-se epíteto de Deus. Para descrever o Amante divino que nutre sua alma com o alimento da verdade, Marguerite Porete inventa uma palavra: *le Loing-prés* em seu francês antigo, ou *Longe Propinquus* na tradução latina; em inglês diríamos *the FarNear*, "o LongePerto". Ela não justifica a palavra, apenas começa a empregá-la, como se o sentido fosse evidente, no capítulo 58 de seu livro, em que conta da aniquilação. No instante de sua aniquilação, diz ela, Deus exerce na alma um impressionante ato de arrebatamento. Pois Deus faz uma abertura na alma e permite que a paz divina deságue nela como um alimento glorioso. E Deus o faz na sua qualidade de *le Loingprés*, o LongePerto:

> Pois há uma abertura, como um lampejo, que se fecha rapidamente, na qual não se pode permanecer muito tempo... Aquilo que transborda dessa abertura arrebatadora é o que liberta a Alma, enobrece-a, tira-lhe o peso, [e sua] paz dura o tempo da abertura... Além disso, a paz é de tal maneira deliciosa que a Verdade chama-a de alimento glorioso.
>
> E essa abertura do doce movimento da glória que o excelente LongePerto oferece é um vislumbre que Deus quer que a Alma tenha, um vislumbre da glória dessa Alma, que ela possuirá infinitamente.[31]

---

[31] MP, 58, 63.

Descriação

O conceito de Marguerite Porete de que Deus é "o excelente LongePerto" é uma invenção radical. Mas ainda mais radical é a charada a que essa invenção conduz a autora:

> ... *ninguém poderia acreditar* no lugar em que a Alma fica depois do trabalho do Arrebatador Longe-Perto, ao qual chamamos de lampejo, como uma abertura que logo se fecha... *tampouco estaria dotada de verdade aquela que soubesse contá-lo.*[32]

Dentro do que ela própria conta, Marguerite Porete instaura uma leve ondulação de incredulidade — uma espécie de distorção no vidro — como se quisesse lembrar-nos de que esse sonho de distância não passa de um sonho. No final de seu livro, ela volta ao conceito uma última vez, afirmando apenas:

> Sua Lonjura torna-se mais Próxima.[33]

Não faço ideia do que essa frase quer dizer mas ela é eletrizante. E me deixa perplexa. Ela é em si um pequeno, mas completo, ato de devoção, como um hino ou uma reza. Ora, hinos e rezas são a forma convencional com que os amantes de Deus assinalam Sua LongePertidão, pois a reza reivindica uma conexão imediata com esse Ser cuja ausência preenche o mundo. Mas Marguerite Porete era uma amante de Deus pouco convencional e não praticava rezas nem acreditava em sua utilidade. Simone Weil, por outro lado, ainda que nunca tenha sido cristã, era profundamente apegada à reza que os cristãos chamam de Pai-Nosso. Durante o verão

---

[32] MP, 135.

[33] MP, 135.

de 1941, quando trabalhou na vinícola de Gustave Thibon, ela se pegou repetindo essa reza enquanto trabalhava. Nunca tinha rezado antes, admite ela em seu caderno, e o resultado foi o êxtase:

> Já as primeiras palavras arrancam os pensamentos do meu corpo e os transportam para um lugar fora do espaço... preenchendo cada aspecto desse infinito do infinito.[34]

A reza parece ter sido uma experiência de contradição espacial para ela — ou talvez uma prova da verdade impossível do movimento de Deus. Em outra passagem, ela retorna ao Pai-Nosso e à sua verdade impossível:

> *Pai-Nosso que estais no céu.* Há certo humor nisso. Ele é teu Pai, mas tenta subir lá no alto para procurá-lo! Somos tão incapazes de sair do chão quanto as minhocas. E de que modo ele poderia vir até nós a não ser descendo? Não há maneira possível de imaginar um contrato entre Deus e homem que não seja incompreensível como a Encarnação. A Encarnação faz explodir a incompreensibilidade. É um modo absolutamente concreto de representar a descida impossível. Por que não seria verdade?[35]

Por que a verdade não pode ser impossível? Por que o impossível não pode ser verdade? Perguntas como essas são os elos que moldam a corrente da oração. Aqui temos uma

---

[34] Simone Weil, *The Simone Weil Reader*, G. Panichas (ed.), Nova York, David McKay, 1977, p. 492.

[35] SW, 148.

reza de Safo que nos oferecerá um último exemplo do sonho
de distância no qual uma escritora conta de Deus:

... [vinde] a mim de Creta
a este templo sagrado onde há
o vosso pomar gracioso de macieiras e altares
com incensos de olíbano.

E aqui a água fria ressoa pura pelos ramos de macieira
e de rosas o lugar todo
é sombreado e das folhas trêmulas-radiantes
o sono vem caindo.

E aqui um prado de cavalos desabrocha
com flores de primavera e brisas
como o mel sopram...

Neste lugar, vós, Cípria, tendo colhido
delicadamente, em copos de ouro,
néctar e mesclado a festividades:
derramai.[36]

Este fragmento foi riscado num caco de cerâmica por
uma mão desatenta no século III a.C. O texto está corrom-
pido e incompleto. No entanto, podemos identificá-lo como
um hino do tipo que é chamado "clético", um hino de invocação — invoca Deus, para que ela venha de onde está até
onde estamos nós. Esse tipo de hino costuma nomear esses
dois lugares, posicionando a invocação no meio, para que seja possível medir a diferença — uma diferença que o hino tem
a função de *descriar*: não se trata de destruir, mas descriar.

---

[36] Safo, fragmento 2, em *Sappho et Alcaeus Fragmenta, op. cit.*

Em meio às observações sobre descriação feitas por Simone Weil em seu caderno, encontramos a seguinte afirmação:

Deus só pode estar presente na criação sob a forma de ausência.[37]

Para quem escreve um hino clético, a ausência de Deus pode ser algo complicado, talvez impossível, de contar. Essa escritora terá de invocar um Deus que vem trazendo sua própria ausência consigo — um Deus cuja Lonjura é o mais Perto. É um movimento impossível, que apenas a escrita torna possível. Safo consegue fazê-lo por meio de uma série de escolhas sintáticas: por exemplo, suprimindo o verbo da primeira estrofe de seu poema. Na minha tradução, forneço um imperativo, "vinde!", entre colchetes, como primeira palavra do poema, e pode parecer que o sentido do texto pede esse acréscimo, mas no texto grego não há esse verbo. Ele começa com o advérbio "Aqui". Na verdade, o verbo imperativo pelo qual o poema todo, com seus acúmulos de orações lentas e onomatopaicas, parece estar esperando, adia sua chegada até a última palavra do texto: "Derramai!". É desconcertante o efeito dessa protelação: é como se o todo da criação fosse retratado à espera de uma ação que já está perpetuamente *aqui*. Não há fronteiras claras entre longe e perto; não há um momento de clímax para a chegada de Deus. Safo cria uma série de condições que a princípio dependem da ausência de Afrodite, mas que no fim incluem sua presença. Safo imita a distância de Deus numa espécie de solução protelada — então vemos o Ser Divino como um deslumbrante descenso que repentinamente, impossivelmente, sacia o mundo.

---

[37] SW, 162.

Descriação

Para concluir. Cada uma das três mulheres sobre as quais viemos refletindo tiveram a coragem de entrar numa zona de absoluto desafio espiritual. Cada uma passa ali por uma experiência de descriação, ou ao menos é o que elas contam. Mas o contar permanece vago e instigante. Descriar-se é desfazer a criatura que há em nós — a criatura contida no Eu e definida pelo Eu. Mas para desfazer o Eu é preciso se mover dentro dele, até o âmago de sua definição. Não há outro lugar por onde começar. Este é o pergaminho em que Deus escreve suas lições, diria Marguerite Porete.

O pergaminho de Marguerite Porete foi queimado em 1310. Para nós isso pode parecer um ultraje, um erro. Certamente os homens que a condenaram achavam que ela era toda engano, e se referiram a ela nos autos do processo não só como "cheia de erros e heresias", mas também como *pseudo-mulier* ou "falsa mulher"[38].

Marguerite Porete era uma falsa mulher?

A sociedade está sempre pronta para julgar a autenticidade dos modos de ser das mulheres, mas esses julgamentos podem degringolar. Como é o caso em questão: o livro pelo qual Marguerite Porete foi queimada em 1310 foi secretamente preservado e copiado por eclesiásticos, que então passaram-no adiante como uma obra devocional anônima de mística cristã, até que em 1946 um pesquisador italiano conectou o *Espelho* ao nome de sua autora. Ao mesmo tempo, é difícil enaltecer o tipo de extremismo moral que levou Simone Weil à morte aos trinta e quatro anos; a santidade é uma erupção do absoluto em meio à história comum, por isso nos ressentimos dela. Precisamos que a história continue sendo comum. Precisamos da liberdade de poder chamar os

---

[38] Paul Verdeyen, "Le procès d'Inquisition contre Marguerite Porete et Guiard Cressonesart (1309-1310)", *Revue d'Histoire Ecclésiastique*, 81, 1986, pp. 47-94.

santos de neuróticos, anoréticos, patológicos, sexualmente reprimidos ou falsos. Esses julgamentos santificam a nossa sobrevivência. Na mesma moeda, os antigos biógrafos de Safo tentavam desbancar sua seriedade assegurando-nos de que ela levava uma vida de incontida e incoerente gratificação sexual, pois foi ela quem inventou o lesbianismo e foi ela quem depois morreu pulando de um penhasco, apaixonada por um jovem rapaz. Como afirma Simone Weil:

O amor é um sinal da nossa maldade.[39]

O amor também é um bom lugar para situar a nossa desconfiança diante de falsas mulheres. O que eu mais gosto nessas três mulheres que estamos estudando é que elas sabem o que é o amor. Isto é, sabem que o amor é o critério para avaliar uma espiritualidade falsa ou verdadeira, e por isso jogam com a imagem do ciúme. Como falsas mulheres, elas têm de habitar essa imagem com cautela, assumindo um lugar que está ao mesmo tempo perto e longe do objeto de seus desejos. A verdade que elas contam a partir dessa posição paradoxal também é falsa. Como diz, rispidamente, Marguerite Porete:

Pois tudo o que se pode contar ou escrever sobre Deus, bem como tudo o que se pode pensar, de Deus, que é mais do que palavras, é contar tanto mentiras quanto verdades.[40]

No fim, é importante não se deixar enganar por falsas mulheres. Se você confundir a dança do ciúme com o amor

---

[39] SW, 111.

[40] MP, 119.

Descriação

de Deus, ou o espelho de uma herética com uma história verdadeira, é provável que passe o restante dos seus dias com uma fome terrível. Pouco importa a quantidade de páginas que comer.

5.
ENSAIO SOBRE AQUILO EM QUE EU MAIS PENSO

O erro.
E suas emoções.
Na iminência do erro, uma condição para o medo.
No meio do erro, um estado de tolice e derrota.
A percepção de termos errado traz vergonha e remorso.
Ou não?

Vamos analisar.
Muita gente, por exemplo Aristóteles, acha que o erro
é um acontecimento mental interessante e valioso.
Na discussão sobre metáforas de sua *Retórica*
Aristóteles diz que há três tipos de palavras.
As estranhas, as comuns e as metafóricas.

"As palavras estranhas simplesmente nos confundem;
as palavras comuns transmitem o que já sabemos;
mas com metáforas podemos alcançar algo novo e fresco"
    (*Retórica*, 1410b10-3).
No que consiste o frescor da metáfora?
Aristóteles diz que a metáfora faz com que a mente sinta a
    si mesma

no ato de se enganar.
Ele visualiza a mente seguindo pela superfície plana
da língua comum

quando de repente
a superfície se rompe ou se complica.
Surge o inesperado.

Primeiro parece estranho, contraditório ou uma coisa
  errada.
E então faz sentido.
É neste momento que, segundo Aristóteles,
a mente vira para si mesma e diz:
"É tão verdadeiro, e ainda assim eu me enganei!"
Com os enganos verdadeiros da metáfora, pode-se
  aprender uma lição.

Não só que as coisas não são o que parecem,
e por isso nos enganamos sobre elas,
mas que também esse engano é valioso.
Aferre-se a isso, diz Aristóteles,
há muito o que ver e sentir por aqui.
As metáforas ensinam a mente

a gostar do erro
e a aprender
com a justaposição *do que vem* e *o que não vem* ao caso.
Existe um provérbio chinês que diz:
uma pincelada não faz dois caracteres.
E ainda assim,

é exatamente isso que faz um bom engano.
Aqui vai um exemplo.
É um fragmento de um antigo poema grego
que contém um erro de aritmética.
O poeta parece não saber
que 2+2=4.

Álcman fragmento 20:
[?] fez três estações, verão
e inverno e a terceira, outono,
e a quarta, primavera, quando
tudo floresce mas de comer o bastante não há.

Álcman viveu em Esparta no século VII a.C.
Ora, Esparta era um lugar pobre
e é pouco provável
que Álcman levasse uma vida opulenta ou saciada.
Este fato é o pano de fundo de suas observações
que levam à fome.

A fome sempre
parece um engano.
Álcman nos faz sentir esse engano
com ele
através do emprego eficaz de um erro de cálculo.
Para um espartano pobre cuja

despensa está vazia
ao fim do inverno —
a primavera chega, enfim,
como uma reflexão tardia da economia natural,
quarto elemento de uma série de três,
tornando instável a sua aritmética

e encavalgando os seus versos.
O poema de Álcman se interrompe a meio do caminho de
     um pé iâmbico
sem explicar
de onde a primavera veio
ou por que os números não nos ajudam
a melhor controlar o real.

Ensaio sobre aquilo em que eu mais penso

Gosto de três coisas no poema de Álcman.
A primeira, ele é pequeno,
leve,
e mais que perfeitamente econômico.
A segunda, parece sugerir tons como o verde-claro
sem nunca os nomear.

A terceira é que ele consegue pôr em jogo
grandes questões metafísicas
(como Quem fez o mundo)
sem análises patentes.
Vocês viram que o verbo "fez" no primeiro verso
não tem sujeito: [?]

É muito incomum em grego
um verbo sem sujeito; na verdade,
é um erro de gramática.
Os filólogos rigorosos lhes dirão
que esse erro é apenas um acidente da transmissão,
que o poema tal como nos chegou

é certamente um fragmento
de um texto maior,
e que Álcman, muito provavelmente,
nomeou, sim, o agente da criação
nos versos que precedem estes que temos.
Pois é bem possível.

Mas vocês bem sabem que o objetivo maior da filologia
é reduzir todo prazer textual
a um acidente histórico.
E fico desconfortável quando qualquer pessoa afirma saber
exatamente o que um poeta quis dizer.
Então deixemos o ponto de interrogação

no começo do poema
e admiremos a coragem de Álcman
de encarar o que há entre os colchetes.
A quarta coisa de que eu gosto
no poema de Álcman
é a impressão que ele passa

de ter deixado a verdade escapar sem querer.
Tantos poetas aspiram
a esse tom de lucidez desprevenida
mas poucos a alcançam com tal simplicidade.
É claro que sua simplicidade é falsa.
Não tem nada de simples ali, Álcman

é um inventor exímio —
ou o que Aristóteles chamaria de "imitador"
da realidade.
Imitação (*mimesis* em grego)
é o nome genérico que Aristóteles dá
aos enganos verdadeiros da poesia.
O que eu gosto nesse termo

é a facilidade com que ele aceita
que aquilo a que nos prestamos quando fazemos poemas é
     o erro,
a criação obstinada do erro,
as deliberadas difusão e complicação de enganos,
a partir das quais poderá surgir
o inesperado.

Assim um poeta como Álcman
põe de lado medo, ansiedade, vergonha, remorso
e tantas outras emoções bestas associadas ao cometimento
     de enganos

Ensaio sobre aquilo em que eu mais penso

para trazer
o quê da questão.
O quê da questão para os humanos é a imperfeição.

Álcman quebra as regras da aritmética,
compromete a gramática
e bagunça a métrica de seu verso
para nos enredar nessa questão.
No final do poema, o fato permanece,
e é provável que a fome de Álcman também.

Mas algo mudou no quociente das nossas expectativas.
Pois ao fazer com que elas se enganassem,
Álcman aperfeiçoou algo.
Na verdade, fez
algo mais do que aperfeiçoar.
E com uma só pincelada.

6.
TODA SAÍDA É UMA ENTRADA
(UM ELOGIO DO SONO)

Quero fazer um elogio do sono. Não como praticante (admito que nunca soube dormir bem, e talvez possamos voltar mais tarde a esse conceito curioso), mas como leitora. Há tanto sono esperando para ser lido. Há tantas maneiras de lê-lo. Na opinião de Aristóteles, o sono requer um tipo de leitura "daimônica, mas não divina".[1] Kant se refere ao conteúdo do sono como "poesia involuntária em sãs condições".[2] Keats escreveu um "Soneto ao sono", invocando seus poderes contra os modos analíticos do dia:

Ó, doce bálsamo da madrugada imóvel.
[...]
Vem, pois, e salva-me, ou o dia que foi raiará
Em meu leito, gerando muitos lamentos;
Salva-me da consciência indiscreta, que comanda

                                               [ainda
Suas forças rumo à treva, cavoucando qual toupeira;

---

[1] Em seu ensaio *Da adivinhação durante o sono*, Aristóteles lê o sono como parte da natureza e os sonhos como mensagens do reino do daimônico, que está situado entre o divino e o ser humano (463b12-5): Aristotle, *Parva Naturalia*, W. D. Ross (ed.), Oxford, Clarendon Press, 1955.

[2] Immanuel Kant, *Anthropology from a Pragmatic View*, M. J. Gregor (trad.), Haia, Martinus Nijhoff, 1974, p. 85.

Vira rápido a chave no azeitado fecho
E tranca a urna silente desta alma.[3]

Minha intenção neste ensaio é cavoucar como toupeira diferentes maneiras de ler o sono, diferentes tipos de leitores do sono: tanto os que são salvos — leitores saudáveis, daimônicos, aqueles que "sabem dormir" —, quanto os que não são. Keats atribui ao sono uma ação balsâmica. O que aponta para duas coisas: que o sono perfuma e acalma as nossas noites, e que o sono pode disfarçar o ranço de morte que sempre esteve e sempre está dentro de nós. Para Keats, as duas ações são salvíficas. As duas (acho) merecem elogio.

Minha memória mais antiga é de um sonho. Foi na casa onde morávamos quando eu tinha três ou quatro anos de idade. Sonhei que estava dormindo num cômodo do segundo andar. Que acordava, descia as escadas e ficava na sala de estar. As luzes estavam acesas, embora tudo estivesse vazio e silencioso. Os mesmos sofás de sempre, verde-escuros, estavam diante das mesmas paredes de sempre, verde-claras. Era a mesma sala de sempre, tudo era familiar para mim, não havia nada fora do lugar. E ainda assim tudo estava profundamente, seguramente diferente. Dentro de sua aparência de sempre, a sala estava mudada, como se tivesse enlouquecido.

Mais tarde, quando estava aprendendo a lidar com meu pai doente, que padecia e no fim morreria de demência, esse sonho foi retomado outra vez em mim, e acredito que por dizer respeito à situação de olhar para um rosto muito conhecido, cuja aparência está exatamente como deveria estar, em cada traço e em cada detalhe, mas que também, por algum motivo, está profunda e radiantemente estranha.

---

[3] John Keats, *Complete Poems*, J. Stillinger (ed.), Cambridge, Massachusetts, The Belknap Press, 1978, p. 1982.

O sonho da sala verde foi minha primeira experiência com essa estranheza, e continua tão inquietante hoje quanto foi para mim aos três anos de idade. Naquela época, porém, eu não tinha à minha disposição nenhum conceito de loucura ou demência. Até onde lembro, explicava o sonho a mim mesma dizendo que havia surpreendido a sala enquanto ela dormia. Havia entrado nela pelo lado dormente. E precisei de muitos anos para admitir — ou mesmo para formular alguma pergunta sobre — as razões que me fizeram pensar que aquela entrada na estranheza vinha como um grande alívio. Pois a despeito do que há de fantasmagórico e inexplicável na sala verde — e da tragédia que mais tarde ressoaria ali —, sempre me consolou pensar nela daquele jeito, mergulhada em seu verde, inspirando e expirando sua própria organização, irrespondível, parecendo penetrável por todos os lados e no entanto perfeitamente disfarçada por toda a propaganda da vida que levava quando estava acordada, a ponto de tornar-se alguma coisa incógnita, no sentido propriamente dito, bem no meio da nossa casa adormecida.

É assim que quero elogiar o sono, como um vislumbre de alguma coisa *incógnita*. As duas partes são importantes. *Incógnito* significa "o que não se reconhece, o escondido, o desconhecido". *Alguma coisa* significa o contrário de coisa nenhuma. O que está *incógnito* se esconde de nós porque possui alguma coisa que merece ser escondida, ou assim julgamos. Como exemplo desse julgamento, vou citar duas estrofes do poema "O homem-mariposa",[4] de Elizabeth Bishop. O homem-mariposa, ela diz, é uma criatura que passa a maior parte do tempo no subsolo, mas visita ocasionalmen-

---

[4] Escrito em 1935, o poema "The Man-Moth" foi inspirado num notório erro de digitação do jornal *The New York Times*, no qual a palavra *mammoth* (mamute) aparecia como *manmoth* (homem-mariposa).

Toda saída é uma entrada (um elogio do sono)

te a superfície terrestre, onde tenta escalar as fachadas dos edifícios até alcançar a lua, pois entende que ela é um buraco no topo do céu, pelo qual ele poderá escapar. Cada vez que fracassa, o homem-mariposa cai e retorna às pálidas vias subterrâneas da sua existência de subsolo. Esta é a terceira estrofe do poema:

> Sobe as fachadas,
> medroso, arrastando como um pano de fotógrafo
> sua sombra, e pensa que dessa vez vai conseguir
> meter a cabeça naquele furo bem redondo
> e sair, como de um tubo, em dobras negras na luz.
> (O Homem, lá embaixo, não tem tais ilusões.)
> Porém o Homem-Mariposa tem de fazer o que
> [mais teme,
> e fracassa, é claro: cai, assustado, mas ileso.[5]

O homem-mariposa não está dormindo, tampouco é um sonho. Mas pode representar o sono em si: uma ação de sono, subindo pelas fachadas do mundo em sua estranha jornada. Ele guarda um conteúdo secreto, valioso, difícil de extrair, mesmo que capturemos o homem-mariposa. Esta é a estrofe final do poema:

> Se você o pegar,
> aponte uma lanterna para o seu olho. É só pupila,
> uma pequena noite, cujo horizonte estreito
> se aperta quando ele olha, e fecha-se. Então uma
> [só lágrima,
> seu único pertence, como o ferrão da abelha, brota.

---

[5] Tradução de Paulo Henriques Britto, em Elizabeth Bishop, *Poemas escolhidos*, São Paulo, Companhia das Letras, 2012, p. XXX.

Discreto, ele a colhe e, se você se distrair,
engole. Mas se você olhar, ele a entrega,
fresca como água de fonte, potável de tão pura.

Beber a lágrima do sono, retirar os prefixos da sua in-
-quietude e dos seus propósitos sub-terrâneos: é isto o que
um sem-número de tecnologias e terapias prometem fazer,
desde o antigo templo de Esculápio em Epidauro — onde os
doentes passavam a noite para sonhar com a própria cura —
até a álgebra psicanalítica de Jacques Lacan, para quem o
sono é um espaço de onde a pessoa que dorme pode partir
em duas direções, sendo ambas uma espécie de despertar. Se
eu fosse fazer o elogio de algum desses métodos de sanação,
eu o faria pelo que eles têm de esperançoso. Tanto os sacer-
dotes de Esculápio como os analistas lacanianos pressupõem
que haja uma continuidade entre os domínios do sono e do
despertar, e que, nessa continuidade, um pouco de alguma
coisa incógnita possa atravessar a fronteira entre noite e dia
e transformar a vida de quem dorme. Eis um antigo relato de
uma das curas pelo sono em Epidauro:

> Veio como suplicante ao deus Esculápio um ho-
> mem tão caolho que do lado esquerdo havia apenas
> pálpebras, e não havia mais nada, só o vazio. As pes-
> soas do templo riram por ele pensar que seria capaz
> de enxergar com um olho que não existia. Mas numa
> visão que lhe chegou enquanto dormia, o deus parecia
> ferver um medicamento, depois separava as pálpebras
> e vertia-o ali. Quando raiou o dia, o homem partiu,
> enxergando pelos dois olhos.[6]

---

[6] *Inscriptiones Graecae: vol. IV, Inscriptiones Argolidis*, M. Fraen-
kel (ed.), Berlim, Georg Reimer, 1902, pp. 223-4.

O que pode haver de mais esperançoso do que essa história de um olho vazio que durante o sono é preenchido pela visão? Um analista do tipo lacaniano talvez diga que o homem caolho decidiu seguir até o fim a viagem em direção ao seu sonho e, por isso, despertou para uma realidade mais real do que a do mundo desperto. Mergulhou no nada do seu próprio olho e foi acordado pelo excesso de luz. Lacan faria um elogio do sono como cegueira, mas uma cegueira que nos olha de volta. O que o sono vê quando nos olha de volta? Esta é uma pergunta que Virginia Woolf faz em *Rumo ao farol*, um romance que adormece por vinte e cinco páginas no meio da história. A história tem três partes. A primeira e a terceira dizem respeito à família Ramsay, que planeja e executa uma ida ao farol. A segunda é narrada inteiramente pelo lado dormente. Chama-se "O tempo passa". Ela começa como uma noite que se multiplica em várias, até transformar--se em estações e anos. Nesse meio-tempo, mudanças invadem a casa em que se passa a história e penetram as vidas dos personagens enquanto eles dormem. Essas mudanças são vistas de relance, como que por debaixo; a narrativa principal de Virginia Woolf é um catálogo de quartos silenciosos, gaveteiros imóveis, maçãs esquecidas na mesa de jantar, do vento espreitando as venezianas de uma janela, da luz da lua deslizando pelas tábuas do piso. E cruzando esses fenômenos surgem fatos do mundo desperto, como nadadores dando braçadas num lago noturno. São fatos breves, bruscos, e aparecem entre colchetes. Por exemplo:

[O Sr. Ramsay, aos tropeções pelo corredor numa manhã escura, estendeu os braços, mas tendo a Sra. Ramsay morrido de modo um tanto repentino na noite anterior, seus braços, muito embora estendidos, permaneceram vazios.]

ou:

[Uma granada explodiu. Vinte ou trinta homens jovens foram destroçados na França, dentre os quais, Andrew Ramsay, cuja morte, misericordiosamente, foi instantânea.]

ou:

[O Sr. Carmichael publicou um livro de poemas naquela primavera, que obteve um sucesso inesperado. A guerra, diziam, fizera reviver o interesse pela poesia.][7]

Os colchetes transmitem informações surpreendentes sobre a família Ramsay e seus amigos e, no entanto, passam flutuando pela narrativa como o susto abafado que tomamos com um som que se ouve dormindo. Ninguém acorda. A noite continua a submergir, absorta em seus próprios acontecimentos. Nenhuma troca se dá entre a noite e seus cativos, nenhuma pálpebra é perturbada, ninguém bebe a lágrima do sono. Quando vista pelo lado dormente, uma órbita sem olho é apenas um fato sobre alguém, não um desejo a ser realizado ou um desafio medicinal. Através do sono, Virginia Woolf nos oferece um lampejo do tipo de vazio que a interessa. É o vazio que as coisas têm antes que as tornemos úteis, um lampejo da realidade que precede sua eficácia. Alguns dos seus personagens também buscam esse lampejo quando estão acordados. Lily Briscoe, que é uma pintora em *Rumo ao farol*, permanece diante de sua tela e pergunta-se "como captar o próprio choque nos nervos, a coisa em si, antes que o tor-

---

[7] Virginia Woolf, *To the Lighthouse*, Nova York, Harcourt, Brace & Co., 1927, pp. 128, 133 e 134.

Toda saída é uma entrada (um elogio do sono)

nem alguma coisa".[8] Numa famosa passagem de seu diário, Virginia Woolf faz coro a essa aspiração:

> Se eu pudesse agarrar a sensação, agarraria: a sensação de que o mundo real está cantando ao mesmo tempo que a solidão e o silêncio nos impulsionam para fora do mundo habitável.[9]

Que som teria o cantar do mundo real? E com o que se parece a coisa em si? No final de *As ondas*, o personagem de Bernard faz perguntas parecidas:

> Agora, assumindo para mim o mistério das coisas, eu poderia prosseguir como um espião, sem sair daqui, sem me mover desta cadeira... Os pássaros cantam em coro; a casa clareia; quem dormia se espreguiça; pouco a pouco, tudo entra em movimento. A luz inunda o quarto e vai empurrando uma sombra atrás da outra, até o ponto em que elas pairam em dobras inescrutáveis. Esta sombra central, o que ela contém? Alguma coisa? Ou coisa nenhuma? Eu não sei...[10]

Por toda a sua obra de ficção, Virginia Woolf gosta de apontar a fronteira entre alguma coisa e coisa nenhuma. As pessoas que dormem são os agentes ideais para esse trabalho. É assim que, em seu primeiro romance, *A viagem* (uma história na qual Clarissa Dalloway e outras seis pessoas viajam

---

[8] *Ibidem*, p. 193.

[9] Virginia Woolf, *The Diary of Virginia Woolf*, A. O. Bell e A. McNeillie (eds.), Londres, The Hogarth Press, 1980, p. 3260: 11 de outubro de 1929.

[10] Virginia Woolf, *The Waves*, Nova York, Harcourt Brace Jovanovich, 1931, p. 292.

de barco para a América do Sul), ela situa a heroína num parágrafo notável que flutua entre o sono e a vigília.

"Muitas vezes me pergunto", Clarissa refletia em sua cama sobre o livrinho branco de Pascal que a acompanhava a todo lugar, "se é realmente bom para uma mulher viver com um homem que lhe é moralmente superior, como Richard é em relação a mim. Isto cria uma dependência tão grande. Imagino que eu sinta por ele o que minha mãe e outras mulheres de sua geração sentiram por Cristo. O que isso mostra é que não é possível viver sem se agarrar a *alguma coisa*." Ela então pegou no sono, que foi, como de costume, extremamente profundo e revigorante, mas visitado por sonhos fantásticos em que enormes caracteres gregos espreitavam na sala; quando acordou, riu sozinha ao lembrar-se de onde estava e de que as letras gregas eram pessoas reais, adormecidas a poucos passos dali... É verdade que os sonhos não ficaram restritos a ela, mas passaram de um cérebro a outro. Todos sonharam uns com os outros naquela noite, o que era natural, sendo as repartições entre eles tão finas, e tendo eles desgarrado da terra de modo tão estranho para encontrarem-se lado a lado no meio do oceano...[11]

Creio que com esse meigo experimento conjugal, no qual Clarissa condensa o marido (Richard) e Cristo, e depois, Cristo e *alguma coisa* (colocado em itálico para nos lembrar da sua proximidade com *coisa nenhuma*), a intenção de Virginia Woolf era a de nos divertir. Mas que os sonhos espreitem de um cérebro para outro num navio transatlântico, e

---

[11] Virginia Woolf, *The Voyage Out*, Londres, Duckworth, 1915, p. 59.

Toda saída é uma entrada (um elogio do sono)

que as letras do alfabeto grego sejam identificadas como pessoas reais, se isso é ou não natural, não sei dizer. Alguma coisa sobrenatural começa a ser conjurada aqui. Outra história de Virginia Woolf, "Casa assombrada", publicada em 1921, é um pouco mais assustadora. Nela, um par de fantasmas desliza de quarto em quarto pela casa onde tinham vivido séculos antes. Os fantasmas parecem contentes, mas seu trânsito pela casa é perturbador, e isso, em boa medida, pelo uso que fazem dos pronomes. A voz narrativa transita do "nós" para o indefinido "-se", para o "tu", para o "eles" e para o "eu", como se ninguém na história conseguisse vestir uma pele estável, e a história termina com uma pessoa adormecida sendo acordada no susto pelos fantasmas que se debruçaram sobre ela em sua cama:

> E acordando, eu grito: "Ah, este tesouro escondido pertence a *vocês*? A luz no coração".[12]

Não sei dizer ao certo o que essas duas frases significam. Parece que uma transação importante está prestes a acontecer. Entre os domínios do sono e da vigília, da vida e da morte, Virginia Woolf de repente escancara uma possibilidade de despossessão e deixa a porta aberta, como se não se decidisse nem por um lado, nem por outro. E a história, ainda que seja leve e quase engraçada, deixa um funesto amargor na boca. Comparemos com os efeitos sobrenaturais de um autor mais antigo. Homero situa o clímax psicológico da *Ilíada* numa cena do começo do vigésimo terceiro livro, em que Aquiles adormece e recebe a visita da *psique* de seu falecido amigo Pátroclo. Aquiles conversa com Pátroclo e em vão tenta abraçá-lo. Enquanto tenta, dormindo, esticar os braços em

---

[12] Virginia Woolf, *A Haunted House and Other Stories*, Londres, Duckworth, 1915, p. 59.

direção ao amigo morto, Aquiles talvez nos lembre do pobre sr. Ramsay, de *Rumo ao farol*, que estende os braços entre colchetes para a mulher morta. Mas a metafísica do sono de Homero é bem menos sombria que a de Virginia Woolf. Na poesia épica, os fantasmas são tristes mas também eficazes. Enquanto Pátroclo volta resmungando para o seu canto no submundo, Aquiles acorda com pressa de realizar os ritos funerários que lhe foram exigidos pelo sonho e faz esse cauteloso comentário:

> "O fantasma e a alma são certamente *alguma coisa*!"[13]

Não é assim que os adormecidos de Virginia Woolf fazem suas transações sublimes. A narrativa dela nos aconselha a não depositar nossas esperanças nisso:

> E se algum adormecido imaginar que poderá encontrar na praia uma resposta para as suas dúvidas, uma companhia para a sua solidão, e então sair de debaixo das cobertas para ir sozinho caminhar na areia, não virá em seu auxílio nenhuma imagem com as feições de serventia ou da divina prontidão, que traga ordem à noite e faça o mundo refletir o escopo da sua alma... Seria inútil em tal confusão perguntar para a noite o que e por que e por qual razão, perguntas que tentam o adormecido a sair da cama em busca de respostas.[14]

---

[13] Homer, *Iliad*, W. Leaf e M. A. Bayfield (eds.), Londres, Macmillan, 1895, 23.103.

[14] Virginia Woolf, *To the Lighthouse, op. cit.*, p. 128.

Já em Homero, quando encontramos respostas, camas e gente dormindo, elas vêm frequentemente entrelaçadas, sobretudo na *Odisseia*. Poderíamos até dizer que a *Odisseia* é uma saga sobre quem dorme com quem, com base no impulso mítico que conduz a história em direção a Penélope e para longe de Helena, e com base também numa fantástica explanação sobre os tipos de leito, que culmina no famoso "truque da cama", por meio do qual tanto Penélope como Odisseu comprovam suas identidades. Ao longo do poema, Homero arquiteta um grandioso plano de sono, que arrasta todos os personagens principais para um ritmo noturno e jaz sob a superfície da narrativa desperta. Vamos observar mais de perto o modo como as pessoas dormem e onde ficam suas camas neste poema épico.

Telêmaco, para começo de conversa, é um insone. Das sete ocasiões na *Odisseia* em que o vemos indo dormir, há apenas uma em que ele "recebe a dádiva do sono", como fraseia Homero. Geralmente, ele fica acordado e cheio de preocupações, como no final do livro 1:

> Lá, por toda a noite, enrolado numa manta de ovelha,
> ele discutiu consigo sobre a estrada que Atena
> [lhe mostrara.[15]

Ou, no começo do livro 15:

> O doce sono não se apoderou de Telêmaco, que tinha
> [no coração,
> por toda a noite ambrosíaca, inquietações pelo pai,
> [que o mantinham desperto.[16]

---

[15] Homer, *Odyssey*, W. B. Stanford (ed.), Londres, Macmillan, 1947, 1.433-4.

[16] *Ibidem*, 15.7-8.

Entre as inquietações pelo pai consta simplesmente a inquietação quanto a quem é o seu pai. Quando Atena lhe pergunta se ele é filho de Odisseu, ele dá uma resposta de adolescente durão:

Bom minha mãe diz que sou, mas eu mesmo
Não sei: ninguém nunca soube como foi gerado.[17]

Mas ele com certeza gostaria de saber. Essa história está cheia das ondulações de uma educação sexual que está quase ao alcance de Telêmaco. Ele se senta em meio aos pretendentes de Penélope e estes, pavoneando em volta de sua mãe, "mastigam-lhe o coração". Ele viaja até a casa de outras pessoas casadas — Nestor e sua mulher, Menelau e Helena —, e passa a noite num sofá adjacente à cama conjugal. Assim, perseguido por dúvidas e cenas primordiais, ele chega ao décimo sexto livro e à cabana de Eumeu, o pastor de porcos, onde finalmente encontra e conhece o pai. É então que Telêmaco "recebe a dádiva do sono", deitando-se na cabana do porqueiro ao lado de Odisseu. Essa noite, idílica e impossível, em que ele faz o papel de Penélope postiça ao lado do pai, é o momento de maior felicidade que Telêmaco tem em toda a *Odisseia*. Já na noite seguinte ele é enviado de volta à infância e à insônia: outra vez na casa de Penélope, enquanto Odisseu planeja a expulsão dos pretendentes, este manda Telêmaco subir sozinho para o seu quarto:

E lá Telêmaco se deitou
E aguardou a aurora radiante.[18]

---

[17] *Ibidem*, 1.215-6.
[18] *Ibidem*, 19.50.

Toda saída é uma entrada (um elogio do sono)

Enquanto isso, Odisseu: não há dúvida de que o homem dos mil ardis domina a realidade desperta; sua relação com o sono, porém, é atribulada. Muitas vezes ele precisa se forçar a ficar acordado, como quando se vê cercado por animais predadores ou humanos ferozes (5.473, 8.445); ou quando se encontra diante de uma sala cheia de ouvintes ávidos por mais um capítulo de suas aventuras (11.379). Quando acontece de ele cochilar, o resultado é catastrófico. Ao partir da ilha de Éolo, cujo rei o presenteara com uma bolsa contendo todos os ventos, Odisseu cochila no convés e seus companheiros ficam curiosos:

Então eles abriram a bolsa e os ventos todos escaparam.
Os ventos de tempestade os capturaram e os levaram,
[aos prantos,
pelo mar para longe de casa. Mas eu
acordei do meu sono e ponderei em meu bom coração
se melhor seria saltar do convés e morrer ali mesmo,
[no mar,
ou suportar, calar e seguir vivendo em meio aos vivos.[19]

No livro 12, Odisseu passa por outro momento suicida provocado pelo sono, que se apodera dele na praia de Trinácria enquanto seus companheiros abatem as vacas do Sol. Odisseu acorda e exclama:

Ó Zeus, pai, e outros deuses que vivem eternamente,
A que ruína me embalaram, neste adormecimento
[impiedoso![20]

---

[19] *Ibidem*, 10.47-52.
[20] *Ibidem*, 12.371-2.

Então podemos dizer que, de modo geral, Odisseu não é amigo do sono. Para além de tudo o que isso possa significar na caracterização do herói como um todo, me impressiona ver como Homero o emprega no final do poema para subjugar Odisseu a Penélope. Pois não há dúvida de que Penélope é entendida em matéria de sono. Ela se deita para dormir dezenas de vezes ao longo da história, recebe muitos sonos derramados generosamente pelos deuses, experimenta uma variedade de sonhos reveladores e eficazes e desenvolve sua própria teoria de como interpretá-los. Além do quê, já no quarto livro Homero nos mostra que o sono é o contrato mais entranhado entre ela e o marido. A anos e quilômetros de distância, consciente e inconscientemente, eles viram a chave no fecho um do outro. Assim, no quarto livro, quando Penélope está acordada em seu aposento e os pretendentes farreiam no andar de baixo, Homero a compara a um leão encurralado por um círculo de caçadores. Então ela adormece para sonhar com o marido, "o nobre Odisseu que tem um coração de leão",[21] e acorda profundamente confortada. O sono *funciona* para Penélope. Ela sabe usar o sono, sabe gostar dele, sabe teorizar sobre ele, sabe até mesmo parodiá-lo, quando necessário — como em sua famosa "cena de reconhecimento" com Odisseu, que ocupa os livros 19 a 23 do poema.

O propósito de Penélope nessa cena é seduzir Odisseu e dominá-lo. Melhor dizendo, seduzi-lo *pela* dominação. Ela age pelo lado dormente, pois nele tem chances de vencer. Como já vimos, e como ela provavelmente sabia, não é no sono que Odisseu se sente em casa. O primeiro aspecto da sua sedução é prático e diz respeito à cama: onde cada um dorme? A questão irá culminar, no livro 23, no chamado "ardil

---

[21] *Ibidem*, 4.514.

Toda saída é uma entrada (um elogio do sono)

da cama", pelo qual Penélope manipula Odisseu (ainda disfarçado de forasteiro) para que ele revele sua identidade. Ela menciona a cama do aposento nupcial e sugere que é possível transportá-la para o corredor para receber hóspedes. Odisseu fica furioso: ele, e mais ninguém, sabe que a cama fora esculpida por ele próprio, vinte anos antes, feita de um carvalho plantado no centro da casa. Para Penélope, essa fúria é a prova cabal da identidade dele. Mas antes desse reconhecimento há um bom tanto de sono e um bom tanto de sono interrompido, de maneiras dignas de nota.

Vejamos o livro 19, que tem a forma de uma longa conversa entre marido e mulher logo antes destes seguirem para quartos separados, na véspera do clímax narrativo. Depois de conversarem, Penélope dá instruções às criadas para que preparem uma cama luxuosa para Odisseu e lhe deem banho. Ele rejeita esses arranjos, insiste que uma velha lhe dê o banho e que providenciem um canto no assoalho para ele dormir. Assim fazem, e Odisseu volta e senta-se ao lado de Penélope. Ela, então, em vez de lhe desejar boa-noite, lança-se à sua Interpretação dos Sonhos (à qual voltaremos em instantes). Finalmente os dois se despedem e se retiram — ela, para o quarto no andar de cima; ele, para o chão do átrio. Assim ficam eles, em áreas separadas da mesma casa, ambos acordados. Atena derrama o sono sobre Penélope no final do livro 19; no começo do 20 ela o derrama sobre Odisseu. No exato instante em que Odisseu começa a dormir, Penélope desperta, chamando aos prantos. A voz dela percorre a casa até o lugar onde Odisseu está dormindo, entra no sonho dele e o convence de que sua mulher está bem ali, em carne e osso, reconhecendo-o e dando-lhe as boas-vindas. No átrio, Odisseu acorda, recebe um sinal de Zeus e se alegra. Foi uma estranha simbiose, a que Homero costurou entre essas duas pessoas, juntas e apartadas numa mesma noite, entrando e saindo da mente uma da outra, quase dividindo a mesma consciência — especialmente quando Penélope penetra a membrana do sono de Odisseu, enchendo-o de alegria. Eu chamaria isso de uma sedução bem-sucedida.

Quanto ao aspecto teórico dessa sedução, voltemos à longa conversa do livro 19. Ela tem duas partes. Na primeira, marido e mulher contam o que estiveram fazendo nos últimos vinte anos. A maior parte do que Odisseu conta é mentira, Penélope diz a verdade. Então vem uma pausa para o banho de Odisseu. Ora, um banho no meio de um poema épico é frequentemente um mecanismo de transição para outras condições.[22] Após o banho, Penélope toma a iniciativa na conversa e apresenta uma narrativa complexa (e muito provavelmente fictícia) sobre um sonho que teve, pedindo que Odisseu o interprete. Esse com certeza não é um pedido qualquer. No sonho, uma águia vem do céu, abate os vinte gansos de estimação de Penélope e depois diz não ser águia nenhuma, nem sonho, mas o verdadeiro Odisseu, que voltou para salvar sua família. O sonho é tão óbvio quanto um filme em inglês com legendas em inglês, e é isso o que Odisseu diz, de maneira educada. Então por que razão Penélope solicita a cumplicidade de Odisseu para interpretá-lo?

Porque é ela quem dá as cartas agora: eles estão analisando as coisas pelo lado dormente, no que ela é entendida. Vejam o que ela faz na sequência: põe na mesa sua teoria dos sonhos. Os sonhos são dúplices, ela diz, alguns são falsos, alguns verdadeiros. Os verdadeiros surgem dos portais de chifre, os falsos, dos portais de marfim. Essa teoria é tão mentirosa quanto o sonho dos gansos. Conversa para boi dormir.

---

[22] Esta cena, em que Odisseu é reconhecido por sua velha enfermeira Euriclea por causa da cicatriz que tem na perna, foi analisada por Erich Auerbach em *Mimesis*, W. Trask (trad.), Garden City, Doubleday, 1957; Penélope parece não se dar conta.

Toda saída é uma entrada (um elogio do sono)

E dos bois ela passa à bomba: amanhã, anuncia Penélope, vou armar uma disputa para ver qual dos pretendentes é capaz de fazer uma flecha atravessar doze machados com o arco de Odisseu. O vencedor me levará para casa como esposa. Eis, de repente, uma solução prática para todo o dilema conjugal. Odisseu prontamente concorda, dizendo que é uma ótima ideia. A conversa foi orquestrada por Penélope de modo a parecer que sua ótima ideia tinha saído de um sonho — ou brotado dos portais de chifre. Ela envolveu Odisseu na necessidade de interpretar sonhos, assim como antes ele a havia enredado na necessidade autobiográfica de mentir. Penélope se igualou às ambiguidades do marido, usou seu conhecimento do sono para embrulhá-lo num ato de sedução que a argúcia dele não conseguirá — e não desejará — suplantar. É para os mecanismos da mente *dela* que Penélope o atrai. Um pouco como faz a lua no espelho, no poema "Insônia", de Elizabeth Bishop:

A lua no espelho da cômoda
está a mil milhas, ou mais
(e se olha, talvez com orgulho,
porém não sorri jamais)
muito além do sono, eu diria,
ou então só dorme de dia.

Se o Mundo a abandonasse,
ela o mandava pro inferno,
e num lago ou num espelho
faria seu lar eterno.
— Envolve em gaze e joga
tudo que te faz sofrer no

poço desse mundo inverso
onde o esquerdo é que é o direito,

onde as sombras são os corpos,
e à noite ninguém se deita,
e o céu é raso como o oceano
é profundo, e tu me amas.[23]

Mas para falarmos de amor, a única rival verdadeira de Penélope, de todo o grupo de mulheres da *Odisseia*, é Nausícaa, a menina *profundamente* solteira que Odisseu conhece no sexto livro, na ilha dos feácios. Ela está dormindo quando a conhecemos:

... dormia a moça,
sua imagem e forma como a dos imortais,
Nausícaa, filha do cordialíssimo Alcino,
ao seu lado duas criadas, dotadas de beleza das Graças,
uma em cada lado das pilastras. As portas reluzentes,
[porém, fechadas.[24]

Homero nos mostra a adormecida coberta por camadas e mais camadas de defesa. Ele nos mostra as portas, as pilastras, as criadas, e é só depois de tudo isso que a vemos deitada. Então, pela pessoa de Atena, ele mostra como se faz para atravessá-las: ela atravessa a casa como uma rajada de vento, até parar ao pé de Nausícaa e sussurrar:

Nausícaa, como foi sua mãe criar filha tão desleixada?
Olhe a bagunça em volta, suas roupas brilhantes jogadas.
Mas seu casamento se aproxima; você vai precisar de
[coisas bonitas
Para vestir e dar aos que te servem.

---

[23] Tradução de Paulo Henriques Britto, em Elizabeth Bishop, *Poemas escolhidos*, *op. cit.*, p. 193.

[24] Homer, *Odyssey*, *op. cit.*, 6.15-9.

Toda saída é uma entrada (um elogio do sono)

... Vamos lavar roupa assim que raiar o dia.[25]

Atena insere em Nausícaa uma mensagem que condensa roupa lavada e casamento (limpeza e sexo), mensagem que a lógica onírica usa para nomear a pureza absoluta de Nausícaa, precisamente na hora em que a vemos mais vulnerável à violação. Pois há, nessa página, uma outra presença imóvel. Nausícaa e Odisseu estão dormindo lado a lado — não no espaço do quarto dela, mas na justaposição da narrativa. Dois versos que descrevem Odisseu (dormindo nu sobre uma pilha de folhas nos arredores da cidade de Nausícaa) vêm imediatamente antes da cena que nos mostra Nausícaa em sua cama:

O bom Odisseu, que a tanto resistiu,
Estava então ali: sobrepujado e exausto, dormia.[26]

A exaustão de Odisseu subjaz ao sonho de Nausícaa e o abarca (ela se levanta no verso 50, mas ele permanece dormindo até o 117). O sono deles prefigura tudo o que irá acontecer entre o homem e a menina nos dias seguintes: um sistema de contradições que fazem um zigue-zague na fronteira do impossível sem jamais chegar à refutação, oximoro de macho e fêmea — um homem de mil ardis, velho, bruto, sujo, nu, casado e desabrigado, enrodilhando-se em torno de uma menina que jaz imóvel sob nove camadas de segurança e sonha com roupa lavada.

Ela é a menina mais asseada da poesia épica. E essa limpeza é ressaltada pela sujeira de Odisseu, para não falarmos da brutal opacidade do seu sono, ao passo que ela dorme

---

[25] *Ibidem*, 6.26-30.
[26] *Ibidem*, 6.1-2.

transparente: nós assistimos ao sonho dentro da cabeça dela, sabemos dos seus atos antes de ela saber, vemos seu desejo antes mesmo de ele existir. O que ela deseja é encontrar pretexto para viajar para longe da cidade, onde ficam os riachos de lavar roupa. Mas é exatamente lá que Odisseu se encontra. Na noite anterior, no final do livro 5, ele havia se deitado na "margem da terra" para dormir o sono da vida elementar. É só isso o que lhe resta agora, a vida. Mulher, filho, pais, casa, navio, companheiros, posses, roupas, juventude, força, fama — tudo se perdeu. Ele precisou se cobrir com um monte de folhas para sobreviver à noite.

> E quando o viu [o monte de folhas],
> o bom Odisseu, que a tanto resistiu, gargalhou,
> deitou-se no meio delas e juntou mais algumas por cima.
> Como quem esconde um carvão em brasa
> [entre os apagados,
> na margem da terra, que não tem nenhuma terra vizinha,
> para preservar a faísca do fogo e não ter que acendê-lo
> em outro lugar, assim cobriu-se Odisseu de folhas.[27]

A "margem da terra" é uma descrição simbólica. "Terra" significa terra cultivada. Odisseu está encalhado na margem da civilização: ele retornou da barbárie e (mal) guarda em si os meios para começar uma civilização do zero. Mas ninguém pode começar uma civilização sozinho. E é preciso cuidado ao despertar o fogo de seu sono. Parece que Homero gostou de ter designado a essa função uma menina cujas maiores preocupações são a água fria e a higiene aristocrática.

Quando acorda, Odisseu percebe que a ilha dos feácios é um lugar atordoante. Quase todas as pessoas que ele en-

---

[27] *Ibidem*, 5.486-91.

Toda saída é uma entrada (um elogio do sono)

contra presumem que ele foi parar lá para desposar Nausícaa, herdar o reino do pai dela e viver feliz para sempre. Como se acordasse dentro de um sonho alheio e descobrisse que é ele o protagonista. Esses feácios oníricos sabem quem é Odisseu, embora ele tenha escondido deles, pelo tempo que pôde, a notícia de que *ele próprio* é Odisseu. E quando o poeta local canta canções da tradição épica que falam das façanhas de Odisseu em Troia, ele se senta e lamenta por ter que ouvir o seu nome sendo aclamado em terceira pessoa. Ele se retrai para dentro da sua *persona* heroica, como uma sombra que encontra seu corpo.

Ou então, como Rosencrantz e Guildenstern na peça *Rosencrantz e Guildenstern estão mortos*, de Tom Stoppard. Nela, dois cortesãos shakespearianos se veem de repente no meio da tragédia de *Hamlet* e não sabem ao certo quem os introduziu no texto. Ainda assim, eles se desdobram para interpretar seus papéis, conseguem declamar as falas corretas e acabam sendo mortos na Inglaterra, como manda o enredo de Shakespeare. Não fica claro se estão dormindo ou acordados; eles dizem que se levantaram ao raiar do dia, mas agem como pessoas presas dentro de um sonho ruim. Um sonho ruim e familiar. Stoppard faz uso da familiaridade da peça de Shakespeare para nos confinar na ruindade do sonho ruim. Ele nos coloca — como plateia — no lado dormente da peça, junto com Rosencrantz e Guildenstern, ao passo que os outros personagens entram e saem de cena resmungando trechos do texto original. Stoppard usa o texto de Shakespeare para capturar Rosencrantz e Guildenstern dentro do seu próprio texto, mais ou menos do mesmo jeito que Virginia Woolf usou colchetes para capturar o casal Ramsay e seus amigos numa longa noite de sono. Nós, leitores, gostamos desses arranjos, muito embora tenhamos vergonha de admitir. Pois quase gostaríamos de ver Rosencrantz e Guildenstern escapando de seus apuros, mesmo que isso fosse estragar a trama de *Hamlet*. Nós, que dormimos tão bem, não queremos tanto assim acordar. A peça de Stoppard faz um elogio funcional do sono, por ele ser necessário. Nenhuma outra experiência nos oferece uma sensação tão direta de sermos governados por leis externas a nós. Não há outra substância, além do sono, que possa de modo tão completo saturar uma história de compulsoriedade, inevitabilidade e pavor. De dentro dos colchetes, o sr. Ramsay não tem como roubar sua mulher de volta da morte; Rosencrantz e Guildenstern tampouco podem reescrever a tragédia de *Hamlet*. Como disse Virginia Woolf, é inútil fazer tais perguntas à noite. Mesmo assim, Stoppard permite que seu personagem faça perguntas. Guildenstern é uma espécie de filósofo amador — no meio da peça, ele se consola com uma conhecida parábola taoista sobre o dormir e o despertar:

GUILDENSTERN — As rodas estão em movimento, e têm um ritmo próprio, ao qual estamos... condenados. Cada movimento é ditado pelo anterior: eis o que significa a ordem. Se começarmos a agir arbitrariamente, será uma bagunça — ou assim gostaríamos de imaginar. Porque se por acaso, por mero acaso, descobríssemos, ou simplesmente suspeitássemos, que a nossa espontaneidade é apenas parte da ordem deles, saberíamos que estamos perdidos (*Ele senta*). Um chinês da dinastia Tang — um filósofo, portanto — sonhou que era uma borboleta, e dali em diante nunca mais pôde ter certeza de que não era uma borboleta sonhando ser um filósofo chinês. Desse homem devemos ter inveja: dele e de sua segurança redobrada.[28]

---

[28] Tom Stoppard, *Rosencrantz and Guildenstern are Dead*, Londres, Faber and Faber, 1967, pp. 43-4.

Tem algo de cafona na inveja de Guildenstern, no uso que ele faz da parábola do sábio e a borboleta (tradicionalmente atribuída a Zhuang Zi, que não pertencia à dinastia Tang), algo de cafona no seu modo geral de filosofar, por isso passo sem culpa para outro filósofo amador como último exemplo deste elogio do sono. Sócrates, possivelmente o mais amador de todos os filósofos da tradição ocidental (e o mais peculiar), demonstra, nos diálogos platônicos que descrevem os últimos dias de sua vida, ter certo apreço por aquele resíduo sublime, a lágrima do sono.

Pensemos em *Críton*. Platão inicia esse diálogo no escuro, Sócrates acaba de despertar, com o sonho ainda pingando de suas costas. Estas são as primeiras falas do diálogo:

SÓCRATES — Por que está aqui? Não é muito cedo?

CRÍTON — Sim, bem cedo mesmo.

SÓCRATES — Quão cedo?

CRÍTON — É quase dia.

SÓCRATES — Fico surpreso que o guarda tenha deixado você entrar.

CRÍTON — A essa altura ele já me conhece. Além disso, eu pago o suborno.

SÓCRATES — Quer dizer que você acabou de chegar, ou já estava aqui há algum tempo?

CRÍTON — Um tempinho.

SÓCRATES — E por que não me acordou?[29]

Então vemos que Críton ficou assistindo Sócrates dormir porque ele parecia feliz dormindo, e o único motivo que Críton tinha para despertá-lo era para anunciar o dia de sua morte. Talvez eu deva lhes recordar da situação: *Críton* é a

---

[29] Plato, *Krito*, 43a-b, em *Platonis Opera*, J. Burnet (ed.), Oxford, Clarendon Press, 1976, vol. 1.

terceira parte de uma tetralogia de diálogos que concernem ao julgamento de Sócrates, sua prisão e morte. A essa altura, Sócrates já foi condenado e está na prisão, aguardando a execução. Sua morte foi adiada porque o julgamento coincidiu com a missão anual de Atenas a Delos, durante a qual nenhum prisioneiro podia ser executado. Críton veio anunciar a Sócrates que o navio vindo de Delos fora avistado, e que, portanto, sua morte ocorreria no dia seguinte. Ao saber disso, Sócrates responde:

> SÓCRATES — Sabe, na verdade eu acho que não. Não será amanhã.
>
> CRÍTON — Como assim?
>
> SÓCRATES — Eu tive um sonho esta noite — que bom que você não me acordou!
>
> CRÍTON — Que sonho?
>
> SÓCRATES — Uma mulher muito bonita veio até mim, vestida de branco. Ela me chamou e disse: *Sócrates, no terceiro dia chegarás à rica Ftia.*
>
> CRÍTON — Que sonho esquisito, Sócrates.
>
> SÓCRATES — Para mim ficou bem claro.[30]

Platão construiu o começo desse diálogo de modo a alinhar os domínios do sono com os do despertar, chamando a nossa atenção à fronteira móvel que existe entre os dois — móvel porque deixa vazar. Sócrates traz consigo, do lado dormente, uma pitada de diferença. As palavras da mulher vestida de branco já insinuam o argumento que conduzirá Sócrates desde essas frases sonolentas até sua morte, ao final do Fédon. Ela diz que Sócrates chegará em Ftia no terceiro dia. É um verso de Homero. No nono livro da *Ilíada*, Aquiles re-

---

[30] *Ibidem*, 43d-44b.

Toda saída é uma entrada (um elogio do sono)

cebe uma comitiva de gregos enviados por Agamêmnon para convencê-lo a retornar à guerra, prometendo-lhe montanhas de presentes caso ele concorde. Aquiles responde com 114 versos que recriminam os presentes, as guerras e o próprio Agamêmnon, e que incluem uma ameaça de partir imediatamente de volta para casa:

No terceiro dia eu chegaria à rica Ftia.[31]

Ftia é a terra natal de Aquiles. É também cognato de um verbo grego para "morte" (*phthiein*), mas isso talvez seja só um detalhe. Vejamos algumas analogias entre esses dois heróis que chegarão em Ftia no terceiro dia: tanto Sócrates como Aquiles são senhores excêntricos que se veem desafiando as regras da vida em sociedade e frustrando as expectativas do seu círculo mais íntimo de amizades. Pois assim como Aquiles se vê rodeado de aqueus que instam-no a retomar a vida de guerreiro, Sócrates se vê rodeado de atenienses instando-o a fugir da prisão e viver no exílio. Ambos dizem aos amigos que *não*. Ambos sustentam sua escolha com base numa compreensão idiossincrática da palavra *psyche*: "alma, espírito, princípio da vida". Então Aquiles repudia a proposta de Agamêmnon nos seguintes termos:

Todos os presentes e tesouros de Troia não chegariam perto do valor de minha alma![32]

E no final do *Fédon*, Sócrates explica ter optado pela morte, dizendo:

---

[31] Homer, *Iliad*, 9.363.

[32] *Ibidem*, 9.401.

Já que a alma parece ser imortal [...] um homem [que teve uma vida boa] pode muito bem alegrar-se em sua saída rumo ao Hades.[33]

Vai saber o que eles querem dizer com *psyche*, ou se "alma" funciona como tradução. Mas podemos afirmar que os dois usam a palavra para indicar algum tipo de valor imortal, uma espécie de ímã transcendente, que exerce tamanha pressão sobre suas vidas mortais e suas maneiras de pensar a ponto de arrastá-los ambos para uma decisão que, para todas as pessoas ao redor, parece insana. Imagino que em seus diálogos socráticos Platão tenha encontrado o mesmo problema literário que Homero teve na *Ilíada*: como apresentar um herói em sua *diferença* com relação às outras pessoas, um herói cujo poder sobre os outros surge, em parte, de alguma coisa *incógnita* em seu próprio ser. Nos diálogos que registram seus últimos dias, o Sócrates de Platão cada vez mais parece uma pessoa impossível de ser captada por frases comuns, uma pessoa que, como se diz, *veio de outro lugar*.

Em *Críton*, Platão mostra Sócrates vindo do lado dormente. Como se tivesse dormido no templo de Esculápio, Sócrates ressurge do sonho "enxergando com os dois olhos". E não hesita em confiar naquilo que a mulher de branco deixou que ele visse, apesar de Críton rejeitá-lo. No fim, a mulher de branco terá razão. Sócrates tende a confiar (e tende a ter razão quando confia) em outras fontes de conhecimento, diferentes daquelas a que os filósofos costumam recorrer: em seu *dáimon* enlouquecido, no oráculo de Apolo, e também, é claro, nas belas sentenças do sono. Sócrates também tem muita fé em sua própria imaginação poética — no poder de transformar coisa nenhuma em alguma coisa. Então, na segunda

---

[33] Plato, *Phaedo*, 114d-115a, em *Platonis Opera*, vol. 1, *op. cit.*

metade de *Críton*, já que o próprio Críton não sabe mais o que dizer, Sócrates se encarrega de fazer os dois papéis numa conversa imaginária entre ele, Sócrates, e uma projeção das *Nomoi*, as leis de Atenas, das quais ele é o ventríloquo. Essas leis do ventríloquo são tão esquisitas quanto os fantasmas de Virginia Woolf, que farfalham e sussurram pelos quartos de "Casa assombrada" à procura de um tesouro escondido. Lembrem-se de que a história da casa assombrada termina com um momento aterrorizante de despossessão, quando os fantasmas se debruçam sobre a cama da pessoa adormecida e descobrem o tesouro *deles* enterrado no coração *dela*. Sócrates também sofre uma despossessão no final de *Críton*. As vozes das Leis, ele diz, preenchem a cela da prisão e abafam qualquer outro som. É preciso que ele pare de falar:

> Ó amado amigo Críton, são essas vozes que pareço ouvir — como os adoradores coribânticos imaginam ouvir flautas —, e o som de suas palavras cresce tanto dentro de mim que fico surdo para todo o resto.[34]

Então Sócrates se cala, dominado pelo que Virginia Woolf talvez chamasse de "o cantar do mundo real".

Para resumir.

Minhas conclusões serão apresentadas na forma de uma "Ode ao sono".

---

[34] Plato, *Krito*, 54d, em *Platonis Opera*, vol. 1, *op. cit.*

ODE AO SONO

Imagine sua vida sem ele.
Sem esse pedaço de tempo proscrito pontuando em cada
[travesseiro — sem travesseiros.
Sem a enorme cozinha preta e o fogão borbulhando
[onde você
apanha nacos
de pernas e braços do seu próprio pai,
que de repente formam uma frase
a qual — *chorando de alegria insuspeita* — irá te salvar
se você puder recordá-la
depois! Depois,
não resta mais que um *upsilon* verde-claro embalsamado
[entre *butter* e *fly* —
mas o que é isso que ele enfia no seu olho?
É o momento em que acaba o tremor.
Um tremor é a criada perfeita.
Seu amém apazigua.
"Na verdade", ela segreda no pé da página, "era
mammoth, digitado errado."
Me dói saber disso.
Como dizem, ferimento de saída.

Toda saída é uma entrada (um elogio do sono)   117

7.
TOTALIDADE: A COR DO ECLIPSE

Seria normal imaginar que um eclipse solar total não tem cor. A palavra "eclipse" vem do grego *ekleipsis*, "deserção, despedida, abandono". O Sol se despede de nós, somos desertados pela luz. E, no entanto, as pessoas que vivem a experiência de um eclipse total são levadas a descrever a sua ausência e o seu vazio de maneira tão intensa que isto, por si, começa a ganhar cor. Afinal, o que é a cor? É aquilo que não é a não-cor. Seria possível fazer uma dupla negativa com a luz? Seria como acordar de um sonho na direção errada e encontrar a si mesma no lado oposto da própria mente? Dentro da totalidade existe um momento de inversão. "Inverte a natureza" é o que Emily Dickinson murmura.[1] Enquanto a sombra da Lua passa por cima de você — como uma descarga de escuridão, um furacão, uma bala de canhão, um deus a passos largos, um barco prestes a virar, uma ampola de anestésico se esvaziando para dentro do seu braço (são comparações que aparecem na literatura) —, você verá, através do seu espectroscópio ou de um pedaço de vidro fumê, algumas das raias espectrais se afinando e, de repente, um clarão; então as raias se invertem e mudam de espectro, algumas somem, outras ficam mais iluminadas. Você agora está dentro da sombra da Lua, ela tem cem milhas de extensão e viaja a

---

[1] Emily Dickinson, *Complete Poems*, T. H. Johnson (ed.), Boston, Little, Brown & Co., 1958, 415.3.

duas mil milhas por hora. É uma sensação estupenda. Ela parece desafiar tudo o que você já experimentou com relação à luz e à cor. Virginia Woolf, em seu ensaio "O Sol e o peixe" (que relata os eventos celestes de 29 de junho de 1930, em Barden Fell, Richmond),[2] interpreta o desafio como se fosse uma corrida:

O Sol teve que acelerar pelas nuvens e alcançar sua meta — uma transparência mínima à direita — antes que acabassem os segundos sagrados.

A corrida termina com a derrota, e exibe as cores desta:

E à medida que transcorriam os segundos fatais e nós percebíamos que o Sol estava sendo derrotado, que agora, de fato, ele já tinha perdido a corrida, todas as cores começavam a sumir do urzal. O azul virou roxo; o branco ficou violáceo, como quando uma tempestade violenta e sem vento se aproxima. Os rostos rosados ficaram verdes, e fez mais frio do que nunca. Foi a derrota do Sol.

Difícil continuar, agora que as cores estão invertidas, e o Sol, derrotado. "Era o fim", diz ela, "estavam mortos a carne e o sangue do mundo." Outros observadores de eclipses mencionam que tiveram nesse instante uma sensação de que aquilo estava *errado*. Emily Dickinson, de maneira concisa: "O relógio de Jeová — está errado!".[3] Annie Dillard, com mais detalhes:

---

[2] Virginia Woolf, "The Sun and the Fish", em *Collected Essays*, Londres, The Hogarth Press, 4 vols., 1966-67, 4.519-24.

[3] Emily Dickinson, *op. cit.*, 415.8.

O Sol seguia e o mundo estava errado. As relvas estavam erradas — platinadas... Uma cor que nunca foi vista no mundo... E eu estava nela, por algum engano.

Aquilo que está errado tem uma cor própria, que não se parece com nenhuma outra. Nem mesmo com a de um outro eclipse, segundo Annie Dillard:

> Eu tinha visto um eclipse parcial em 1970. É muito interessante. Um eclipse parcial não tem quase nada em comum com um eclipse total. A semelhança entre ver um eclipse parcial e um eclipse total é a mesma entre beijar um homem e casar-se com ele...[4]

Prestem atenção à analogia. A literatura da totalidade é cheia de analogias radicais. Também é característico que, nesse instante de arrebatamento, o sujeito comece a pensar em beijos e casamentos. Muitas das explicações mitológicas para o eclipse têm a ver com a cópula ou a expectativa dela. Uma antiga lenda germânica, por exemplo, nos conta que Lua (macho) estava para se casar com Sol (fêmea), mas não conseguia satisfazer sua paixão ardente — tudo o que Lua queria era dormir. Fizeram uma aposta: quem acordasse primeiro pela manhã governaria o dia. Sol, ainda em estado de agitação às quatro da manhã, ganhou a aposta, mas jurou nunca mais se deitar com Lua. Os dois se arrependeram da separação e começaram a se reaproximar (= eclipse). Bastou se encontrarem e imediatamente voltaram a brigar, e então seguiram cada um o seu caminho, o rosto de Sol vermelho como o sangue, de tanta raiva. Os historiadores também gostam de associar a totalidade com o casamento, como no fa-

---

[4] Annie Dillard, *Teaching a Stone to Talk* [*Ensinando uma pedra a falar*], Nova York, Harper & Row, 1982, pp. 82, 91.

moso relato de Heródoto sobre o eclipse de 585 a.C., que aconteceu no meio de uma batalha entre lídios e medos. Os dois exércitos estavam tão nervosos com a situação solar que pararam de combater e declararam trégua por meio de um contrato nupcial entre a filha de um dos reis e o filho do outro.[5] Os poetas também veem uma relação entre o eclipse total e os arranjos nupciais. O antigo poeta lírico Arquíloco menciona a totalidade num poema do século VII a.C., no qual um pai desaprova os planos de casamento de sua filha:

> Nada mais é surpreendente no mundo [diz o pai],
> nem inacreditável ou condenável, não mais:
> agora que Zeus do dia fez noite
> e escondeu a luz ardente do Sol...[6]

Depois disso o poema se fragmenta, mas o pai parece usar o eclipse como analogia para a inacreditável escolha de marido que a filha fez. Quando o poeta Píndaro testemunhou um eclipse total em Tebas (provavelmente em 478 ou 463 a.C.), ele o incluiu em seu nono peã. A descrição que fez de "uma estrela luminosa, roubada do meio do dia" é combinada, de um jeito estranho, mas dramático, a um elogio romântico a uma ninfa tebana chamada Melia, que "tornou-se íntima do deus Apolo em seu leito ambrosíaco".[7] Mas de toda a literatura eclipsal, o casal mais estranho é de longe aquele reunido por Virginia Woolf em "O Sol e o peixe". De fato, o ensaio está permeado de sexo, em vários sentidos. Ele é desencadeado por uma pitada de especulação cognitiva:

---

[5] Heródoto, 1.74, *Herodoti Historiae*, C. Hude (ed.), Oxford, Oxford Classical Texts, 1908.

[6] Arquíloco, fragmento 74.1-4, em *Greek Lyric Poetry*, D. A. Campbell (ed.), Bristol, Bristol Classical Press, 1982.

[7] Píndaro, *Peãs*, 9.2.

Pois o que vimos só conseguirá sobreviver dentro do poço esquisito no qual depositamos nossas memórias se tiver a sorte de se aliar a alguma outra emoção, por meio da qual será preservada. Nossas visões se casam de modo incongruente, morganático (como a Rainha e o Camelo),[8] e assim mantêm vivas uma à outra... As visões se dissipam, sucumbem e somem quando não conseguem encontrar um bom par.

Em seguida vem uma descrição intensa do eclipse total, que, após a totalidade, subitamente descamba para um retrato de dois lagartos acasalando numa trilha do Jardim Zoológico:

> Um lagarto está montado, imóvel, nas costas do outro, e é apenas o cintilar da pálpebra dourada ou o movimento de sucção do flanco verde que nos mostra que eles são feitos de carne viva, e não de bronze. Todas as paixões humanas parecem fugidias e febris se comparadas a esse êxtase fixo.

Mas ela não fica satisfeita com o êxtase dos lagartos. Esse instante imortal é imediatamente casado com uma terceira imagem: peixes nadando nos tanques do Aquário de Londres. Não há nada que explique os peixes; já fiz a pergunta a uma série de especialistas em Virginia Woolf e nenhum deles parece saber por que ela junta peixes e lagartos.

---

[8] Woolf alude a uma imagem desse mesmo ensaio: "A [visão da] velha senhora de óculos de tartaruga — nossa falecida Rainha — é suficientemente vívida; mas de algum modo ela se aliou a um soldado em Piccadilly que se inclina para apanhar uma moeda; com um camelo amarelo que balança enquanto atravessa o vão de um arco em Kensington Gardens". (N. da T.)

Totalidade: a cor do eclipse

Para chegar aonde ela queria chegar, já não era suficiente ter as imagens mentais do eclipse e dos lagartos? Não era isto suficiente para que elas "mantivessem vivas uma à outra" (como fazem, segundo ela, as ideias incongruentes no poço esquisito da nossa mente)? De maneira deliberada, ela complica essa união bem ajeitada com um terceiro ponto de vista. Gostaria de saber se naquele dia ela não estaria refletindo sobre o ponto de vista de um terceiro, enquanto passeava por Barden Fell em companhia do marido Leonard e da amante Vita Sackville-West. A julgar pelas anotações em seu diário (30 de junho), ela passou aquele dia observando Vita, observando Vita com seu marido, Harold Nicolson (a quem Virginia Woolf descreve em outro trecho de seu diário como "um homem infantil e espontâneo... quando escorrega de suas mãos, sua mente quica no chão"), observando o estado do casamento de Vita:

Em nossa carruagem estavam Vita e Harold, Quentin, Leonard e eu. Ali fica Hatfield, eu disse. Eu estava fumando um charuto... Havia uma única estrela, sobre o parque Alexandra. Veja, Vita, ali fica o parque Alexandra, disse Harold. Os N[icolson] ficaram sonolentos; Harold se encolheu com a cabeça apoiada nos joelhos de Vita. Adormecida, ela parecia a Safo de [Frederic] Leighton; assim mergulhamos no interior do país, com uma longa parada em York. Às 3, então, pegamos nossos sanduíches e eu saí do banheiro e dei de cara com Harold, sujo de creme, sendo limpado à força... Então tiramos mais um cochilo, ou melhor, os N[icolson] tiraram...[9]

---

[9] Virginia Woolf, *The Diary of Virginia Woolf*, A. Olivier Bell e A. McNeillie (eds.), Londres, The Hogarth Press, 1980, p. 3142.

Era 1930. Ia bem o casamento da sáfica Vita, ia bem o casamento da virginal Virginia. Além disso, elas se divertiam sendo amantes, estavam ansiosas por passar o fim de semana após o eclipse juntas em Long Barn (propriedade da família de Vita). No entanto, a totalidade é um fenômeno capaz de virar as nossas proporções do avesso. Gostaria de saber se essas pessoas, as acasaladas e as desacasaladas, pararam para se observar umas às outras no plano exposto de um instante qualquer daquele dia curioso, pesado, histórico e errado. De repente, uma sensação de antiguidade. Um vento negro, vindo das terras altas. Tragam casacos — foi o que lhes disseram — e um pedaço de vidro fumê. Vai esfriar. Vai doer nos olhos. A totalidade não tem luz, e deveria não ter cor, no entanto, pode intensificar uma ou outra pergunta suspensa no fundo da mente. O que, afinal, é um par? Será que este vai durar? Conseguirá manter-me viva?

8.
ESPUMA (ENSAIO E RAPSÓDIA):
SOBRE O SUBLIME EM LONGINO E ANTONIONI

Derramar

O Sublime é uma técnica de documentário. "Documentário: aquilo que depende completa ou parcialmente de documentação; objetivo, factual" (*Dicionário Oxford da Língua Inglesa*). Por exemplo: o tratado *Do sublime*, de Longino. É um aglomerado de citações. Tem argumentos embolados, pouca organização e nenhuma conclusão parafraseável. As tentativas de definição que ele oferece são incoerentes ou tautológicas. Seu tema principal (a paixão), é protelado para um segundo tratado (que não existe). Passados quarenta capítulos de leitura, você terminará o texto (inacabado) sem ter extraído dele qualquer noção clara sobre o que viria a ser o Sublime. Mas ficará entusiasmado com a documentação que ele contém. Longino desliza de Homero a Demóstenes, de Moisés a Safo, patinando sobre lâminas de pura bravata. O que é uma citação? Uma citação (que em inglês, *quote*, é cognato de "cota", *quota*) é um corte, uma seção, o gomo de uma laranja que não é sua. Você chupa o gomo, cospe o bagaço e sai deslizando com seus patins. Parte do que nos dá prazer na técnica de documentário é o clima de banditismo. Saquear a vida e as frases alheias e safar-se com um ponto de vista que chamamos de "objetivo" — porque qualquer coisa pode ser transformada em objeto quando tratada desse modo — é algo eletrizante e perigoso. Vejamos quem controla o perigo.

No capítulo 20 do tratado *Do sublime*, Longino parabeniza o orador grego Demóstenes por derramar uma chuva de golpes com seus substantivos ao narrar uma cena de violência:

> Com sua atitude! Com seu olhar! Com sua voz! O homem que bate faz coisas com o outro que o outro sequer consegue descrever.[1]

"Com palavras como essas", sorri Longino, "o orador produz o mesmo efeito que o homem que bate — atingindo as mentes dos juízes com um golpe atrás do outro." E volta a citar:

> Com sua atitude! Olhar! Voz! Quando ele, com insolência, quando ele, como um inimigo, quando ele, com os próprios punhos, quando ele, com um tapa de lado na sua cabeça —[2]

O que Longino quer demonstrar é que por meio da justaposição brutal de orações coordenadas ou substantivos coordenados Demóstenes transpõe a violência dos punhos para a violência da sintaxe. Seus fatos se derramam para fora da moldura do contexto original e surram as mentes dos juízes. Observe esse derramamento, que do homem que bate

---

[1] Longinus, *On the Sublime*, W. Rhys Roberts (ed.), Cambridge, Cambridge University Press, 1907, 20.2; Demosthenes, *Against Meidias (Oration 21)*, D. M. MacDowell (ed.), Oxford, Clarendon Press, 1990, p. 72.

[2] Longinus, *op. cit.*, 20.2.

passa às palavras de Demóstenes, que o descreve, aos juízes, que ouvem essas palavras, a Longino, que analisa todo esse processo, a mim, que retomo a discussão de Longino, e, por fim, a você, que lê a minha descrição. O momento passional reverbera de alma em alma. Cada uma dessas almas controla-o durante um certo tempo. Cada alma desfruta dele, de citação em citação.

E por que isso é algo de que a alma desfruta? Longino responde essa pergunta ao abordar a psicologia do que é assistir, ouvir ou ler — do que é ser um espectador. Essa psicologia envolve um deslocamento e uma expansão do poder:

> Em contato com o sublime verdadeiro, sua alma é naturalmente elevada; ela se alça com confiança às alturas, é preenchida de alegria e vanglória, como se ela própria tivesse criado aquilo que ouviu.[3]

Sentir a alegria do Sublime é se encontrar, por um instante, dentro do poder criativo; é tomar parte na sobrevida elétrica da invenção do artista; é derramar junto com ele. Atente para este outro exemplo. Em 1950, enquanto filmava *Crimes da alma* com a atriz Lucia Bosè, Michelangelo Antonioni descobriu que precisava sair de trás da câmera, cruzar o *set* de filmagem e ajustar, ele mesmo, a psicologia da atriz:

> Quantos golpes Lucia tomou para fazer a cena final! O filme terminava com ela derrotada, chorando de soluçar na porta de um prédio. Era difícil para ela fingir desespero — estava sempre contente. Não era atriz. Para alcançar os resultados que eu queria, precisei partir para ofensas, insultos, tapas bem dados. No

---

[3] *Ibidem*, 7.2.

Espuma (ensaio e rapsódia)

fim, ela desabou e chorou feito criança. Representou maravilhosamente o papel.[4]

Entre Antonioni e Lucia na porta do prédio há uma zona de perigo. É um perigo documentário. Quero dizer duas coisas com isso. No cinema, "documentário" implica a preferência pelos temas factuais, e não pelos ficcionais, na preparação de um filme. Ao sair de trás da câmera e passar para dentro do filme de modo a aprimorar Lucia Bosé à base de seus maravilhosos tapas, Antonioni está devassando a fronteira que separa a atriz da personagem. "Documentário" também se refere àquilo que depende de documentos. Quem ficaria sabendo desse episódio se o próprio Antonioni não o tivesse contado a um repórter do *Corriere della Sera* em 1978, e depois o publicado novamente em seu livro *Architettura della Visione* — agindo como Demóstenes de si mesmo e depois como Longino de si mesmo? Nós tampouco ficaríamos sabendo do efeito da fala de Demóstenes sobre o tribunal cheio de juízes se Longino não a tivesse elogiado no tratado *Do sublime*. Nunca ficaríamos sabendo da violência do "homem que bate" se Demóstenes não a tivesse denunciado em seu discurso *Contra Mídias*. Em cada um desses exemplos, um momento passional é criado, citado, derramado. Talvez você sinta a sua própria mão formigar, a sua alma se elevar.

Longino conta que o primeiro especialista nesse modo de derramar o poder foi Homero. É assim que ele descreve a maneira como Homero passa para dentro do seu poema, tornando-se tão sublime quanto o tema tratado:

---

[4] Michelangelo Antonioni, *The Architecture of Vision*, Nova York, Marsilio, 1996, p. 40.

Veja, esse é o verdadeiro Homero, que rebenta como ventania junto aos homens em combate, é ele mesmo, Homero, que "esbraveja qual Ares de lança em mão, qual fogo destruidor que se inflama nas montanhas, nas dobras da floresta profunda, com espuma em volta da boca".[5]

A espuma é indício do artista que pôs as duas mãos na massa de sua própria história, e também o indicativo do crítico que esbraveja e rebenta nas dobras de sua própria teoria profunda. Fica evidente, para a maior parte dos leitores, que o próprio Longino se move coberto de espuma pelos capítulos de seu tratado. "O grande Sublime que ele formula é *o próprio Longino*", diz Boileau. "O que é mais sublime, a batalha dos deuses em Homero ou a apóstrofe de Longino sobre ela?", pergunta Gibbon. "As naturezas sublimes quase nunca são limpinhas!", — eis a maneira como Longino resolve a questão.[6] Um tapa.

PARAR

O Sublime é grande. "Grandeza" ou "magnitude" são alguns dos sinônimos que Longino usa para o Sublime ao longo de seu tratado. É uma grandeza que está sempre ameaçando sair do controle, sempre prestes a afogar ou subjugar a alma que tenta apreciá-la. O que fornece a estrutura essencial do sublime é a ameaça, uma alternância entre risco e redenção que parece não encontrar paralelos em nenhuma ou-

---

[5] Longinus, *op. cit.*, 9.11; Homer, *Iliad*, W. Leaf e M. A. Bayfield (eds.), Londres, Macmillan, 1895, 15.605-7.

[6] Longinus, *op. cit.*, 33.1.

Espuma (ensaio e rapsódia)

tra experiência estética (por exemplo, a da beleza). Ela também propicia o conteúdo necessário para o Sublime: elementos calamitosos (vulcões, oceanos, êxtases) e reações calamitosas (morte, terror, arroubo), nos quais a alma sublime por pouco não se perde.

A espuma é indício do quão perto a ameaça esteve de nós. Na verdade, a alma sublime é ameaçada não só pelo exterior, mas também pelo interior, pois a própria natureza dessa alma é grande demais, não cabe dentro de si. O orador sublime, o poeta sublime, o crítico sublime é um homem loucamente perdido em sua própria arte; é um homem afugentado para fora de si, sem nenhuma direção, sem cuidado, sem certezas — "botam fogo em tudo o que veem pela frente quando são transportados".[7] Longino insiste no êxtase, no descontrole do gênio, como o Danúbio, ou o Reno, ou mesmo o Monte Etna, "cujas erupções arremessam rochas e ribanceiras inteiras das profundezas, e expelem rios daquele fogo estranho e espontâneo nascido da terra".[8] Enquanto se demora na boca do Etna, observando seu monstruoso derramar, Longino gosta de jogar com o controle dos conceitos:

Será que não poderíamos dizer sobre todos esses exemplos... que o monstruoso é sempre capaz de nos maravilhar?[9]

Os filmes de Antonioni possuem modos diferentes de jogar com o momento passional, modos diferentes de derramar seus conteúdos. Por exemplo: ele gosta de chamar a atenção para espaços que estão fora da tela, como quando põe um

---

[7] *Ibidem*, 33.2.

[8] *Ibidem*, 35.4.

[9] *Ibidem*, 35.5.

espelho no meio da cena, de modo que você possa espiar um pedaço do mundo lá fora. Ou, senão, gosta de oferecer duas tomadas sucessivas de um mesmo quinhão de realidade; a primeira, bem de perto, num *close-up*, e a segunda, um pouco mais de longe — as duas quase idênticas, contudo, claramente distintas. Ele também faz uso de um procedimento que os críticos franceses chamam de *temps mort*, em que a câmera permanece rodando uma cena que os atores pensam que já acabou:

> Depois que tudo já foi dito, quando a cena parece ter acabado, resta ainda o que vem depois... os atores continuam, por inércia, em momentos que parecem "mortos". O ator comete "erros"...[10]

Antonioni gosta de documentar esses momentos de erro, quando os atores fazem coisas não programadas, quando atuam "de trás para a frente", como ele diz. Possibilidade de espuma. Foi assim que ele começou a abrir o quadro, quando trabalhava em *Crimes da alma*. Mais tarde, passou a deixar a câmera rodando mesmo depois de os atores terem saído de cena. Como se, por algum tempo, alguma coisa permanecesse lá, rumorejando num vão de porta vazio.

Talvez os filmes de Antonioni sejam sublimes, talvez não. O que importa é que o uso que Antonioni faz de Antonioni certamente é. Como o uso que Longino faz de Longino. "A sublimidade é o eco de uma mente grandiosa — como já escrevi em outro lugar, acho" (9.2), diz Longino, num doce eco.[11] Também dá para sentir um efeito de eco em Antonio-

---

[10] Seymour Chatwin, *Antonioni, or, The Surface of the World*, Berkeley, University of California Press, 1985, p. 126 e n. 24.

[11] Longinus, *op. cit.*, 9.2.

Espuma (ensaio e rapsódia)   133

ni, sobretudo quando ele conta a história do dia em que foi ao hospício — história que ele repete em toda entrevista, conversa ou estudo sobre seu trabalho. Ele conta que a primeira vez que pôs o olho numa câmera foi dentro de um hospício.[12] Estava decidido a fazer um filme sobre os loucos. O diretor do hospício também parecia ser louco, ou pelo menos foi nisso que Antonioni reparou quando se conheceram no dia da filmagem. Já os pacientes, estes foram eficientes e prestativos na montagem dos equipamentos e dos objetos de cena e também na preparação da sala. "Devo dizer que o bom humor deles me surpreendeu", disse Antonioni. Então ele acendeu suas luzes imensas.

A sala "virou o inferno". Os pacientes gritavam. Eles desabavam, contorciam-se e rolavam pelo chão, tentando escapar. Antonioni ficou pasmo, seu *cameraman* também. Até que, finalmente, o diretor do hospício gritou: "Apaguem as luzes!". O silêncio foi tomando conta da sala enquanto os corpos se moviam debilmente para longe da angústia. Antonioni diz que essa é uma cena que ele nunca esqueceu. Caso tivesse gravado o filme naquele dia, teria sido um documentário sobre a espuma. Mas as pessoas malucas, que entendiam de derramamento, não quiseram ser citadas. É impossível não admirar os loucos. Eles sabem dar valor a um momento passional. Longino também sabia. Seu tratado termina assim:

> É melhor abandonar essas questões e seguir para o assunto que vem adiante — as paixões. Sobre elas, dediquei-me a escrever um outro...

---

[12] Originalmente em "Fare un fim è per me vivere", *Cinema Nuovo*, VIII, 138, 1959, p. 138.

E aqui se interrompe o manuscrito *Do sublime*. A página seguinte está muito danificada e não temos como saber quanto do texto está faltando. Longino pega seus patins e desliza para fora da cena.

O DIA EM QUE ANTONIONI VEIO AO HOSPÍCIO (Rapsódia)

> Foi um momento de nervosismo. Ele se aproximou.
> — Lucia Bosè

Foi o som dela escrevendo que me acordou. Já que pergunta, é disso que eu me lembro. A mesa dela fica bem na frente do meu quarto. Tem dias que ouço sons muito altos. Tem dias que ouço uma multidão e a multidão não existe.

Em sua mesa ela toma notas. Faz as listas dos nossos remédios. Preenche palavras cruzadas ou marca um xis nas margens dos *Classificados*. Um sonzinho seco rangendo. Os outros não percebem. Essas diferenças são difíceis de encarar.

E do nada começou: o motim. Eles disseram que precisávamos descer para o salão mais cedo, para "participar", então nós mesmos tiramos as roupas. Dezoito pessoas peladas no saguão. Ela não disse uma palavra. Foi isso o que nos assustou. Tornamos a nos vestir. Macacões — não mais homens ou mulheres.

O que o olho viu foi uma pilha de documentos sobre a mesa dela, com parágrafos minúsculos, assinaturas e selos. Esses documentos nunca mais foram vistos, nem no salão, nem em lugar nenhum. Eu fico de olho nos documentos. Foi por causa de documentos que a maioria de nós veio parar aqui. É ele, disse alguém, enquanto descíamos as escadas. Antonioni vestia um sueterzinho marrom e parecia um gato.

Espuma (ensaio e rapsódia)

Tive vontade de lhe dar uma lambida, ou encostar nele de leve com a minha pata.

Era de desfalecer, assim eu descreveria o clima da sala. Um homem bonito que chega assim de repente serve menos para enganar as pessoas do que para mantê-las despertas — bêbadas de tão despertas, nós zanzávamos ao comando dele. Muitos haviam sonhado com estar despertos, enquanto seguiam dormindo por anos, como a famosa princesa do caixão de cristal. Uma vez abri um biscoito chinês que dizia: *Pena, alguns hão de alcançar o que seu coração anseia.*

Ele se posicionou atrás de sua Bell & Howell 16 mm. Dois homens de sua equipe nos davam instruções. Eu, Patty e Bates estávamos tirando as cadeiras do caminho. Os grandes cabos pretos tinham que ser conectados rapidamente. Não cometíamos erros. Todos tomávamos o maior cuidado do mundo. Nada de brincadeiras. Nada de dormir. Nada de ficar parado olhando. E ela em seu lugar junto à parede, dobrando outra vez as palavras cruzadas e tentando parecer tranquila. Porque traz a palavra "hissopo", o Salmo 51 é o meu predileto.

O hissopo (como vocês devem saber) é uma erva de purificação e tem cheiro de menta estratosférica. *Cria em mim, ó Deus, um coração puro.* Recebi uma lufada de hissopo no momento exato em que os grandes cabos pretos foram conectados (a luz, quando é muita, começa a cheirar) e um fulgor repentino fez com que eu me alinhasse aos tapetes no chão. Então estávamos lá, todos no chão, e Patty gritou: *Continuem rolando, não parem,* e foi o que fizemos (para afugentar a morte), e toda vez que Bates passava por mim a gente se beijava, era um arranjo íntimo que a gente tinha nas atividades em grupo (e há muitas delas aqui), a vida sendo curta como ela é, o desejo ardente sendo desejo ardente.

Na opinião de Patty, se eu não estivesse neste lugar, não teria tempo para alguém como Bates. Eu lhe disse que sou uma pessoa prática e que Bates é o que estou praticando no momento. "Ter tempo para", é exatamente essa a questão: cada dia aqui dura duzentos anos. Os de fora (Antonioni) chegam com a velocidade errada. Aposto que ele sabia disso. Ele tinha a cara de alguém que entrou num quarto onde de repente o chão sumiu. Enquanto isso, nós rolávamos até a parede e, quando Patty dava o sinal, rolávamos na direção contrária — é lindo, eu pensei, é como jogar boliche. Antonioni parecia estar sofrendo com os nossos uivos.

Gritar, aqui, é lei — a lei dos loucos —, disfarça nossos beijos e diminui nossa tristeza.

Antonioni abriu os olhos. Ela saiu de seu lugar junto à parede e foi até ele. *Os pacientes têm medo da luz*, ela explicou, *eles pensam que é um monstro*. Essa espécie de desinformação espontânea é típica dos profissionais da saúde. Por outro lado, entendo que seria difícil para ela dizer: *Os pacientes se agarram a qualquer oportunidade de adorar a fecunda deusa Afrodite, obrigada por lhes oferecer mais esta*. De qualquer forma, não sei o quão inteligente ela é. Um dia eu lhe falei da evolução. Falei de como, no começo, as pessoas não eram elas mesmas, como nós somos — havia braços cabeças troncos e tudo o mais perambulando nas margens e rebentações da vida, seus calcanhares desprendidos, os cílios carentes de supercílios, até que o que reuniu todas essas partes fazendo delas criaturas completas foi o Amor —, e ela disse: *Você conhece um adjetivo de seis letras para uma mulher devassa ou libertina que é também epíteto de uma égua indomada?* Ao que eu respondi: *Sim, conheço, e hoje eu vou poder entrar no banho junto com o Bates, certo?*

Sempre pensando no dia de amanhã, esta sou eu, prática como o purgatório, é o que minha mãe dizia. *Para que regozijem-se os ossos que tu quebraste.* Mas agora lá estávamos, dezoito pessoas terríveis numa sala, tentando não olhar na cara uma da outra enquanto nos levantávamos do chão.

Espuma (ensaio e rapsódia)

Antonioni se chacoalhou com a elegância de um gato e se recompôs. O diretor do hospício estava ao lado dele, murmurando num tom de Vamos Recapitular o que Aprendemos Hoje. Consentimento discreto generalizado. Eu gostaria de ter ouvido a opinião de Antonioni. Gatos não se desgastam, mas prestam atenção em tudo. Eu vi que ele prestava atenção em Bates. Por um instante, nossos destinos quase se roçaram.

Lá fora a neve branca e fresca caíra sobre a escura lama congelada. Patty deixou claro que estava decepcionada com o tom e o timbre gerais daquela manhã. *Que parada sinistra*, foram suas palavras exatas, creio. Ainda assim, aceitamos nossas bênçãos, onde quer que venham a cair. Não há nada melhor para a vida em comunidade do que começar logo cedo com exercícios aeróbicos. Os gritos vão ficando amenos ao longo do dia. *Purifica-me e ficarei limpo; lava-me e ficarei mais branco que a neve.* E era uma sexta-feira, bolo dos anjos no jantar, banhos quentes mais tarde, e sabe-se lá quais outros arranjos íntimos. Desde o dia em que lhe dei "fogosa", ela passou a me tratar com muito mais respeito. *Tire essa cara de enterro*, ela diz, e se projeta para trás, suspensa sobre dois pés da cadeira.

9.
DESPREZOS:
UM ESTUDO SOBRE
O QUE É E O QUE NÃO É LUCRO
EM HOMERO, MORAVIA E GODARD

"Seu vendido!", gritou o homem, então tomou distância e esmurrou Mike Kelley no nariz. A sala ficou em silêncio. Um segurança interveio. Berlim: abertura da instalação *Kandors*, de Mike Kelley, na galeria Jablonka, em setembro de 2007. Ninguém sabia quem era o sujeito. Aberturas de exposições costumam ser cheias de gente inusitada.

O que significa ser um vendido hoje em dia? Existe alguma diferença entre vender algo e se vender? A fronteira é muito tênue. Essa fronteira interessava a Homero: na *Odisseia*, ele brinca com ela, briga com ela, põe ela à prova; como fazem também Alberto Moravia, em seu romance baseado na *Odisseia* (*Il disprezzo*, 1954), e Jean-Luc Godard, em seu filme baseado no romance de Moravia (*Le mépris*, 1963). Em inglês, tanto o romance como o filme viraram *Contempt*, uma palavra severa. Que reverberações ela encontraria em Homero?

Homero ganhava a vida como bardo. Os historiadores acreditam que podemos ter uma ideia de como era a sua vida de bardo quando observamos certos personagens da *Odisseia* que precisam, literalmente, cantar para sobreviver — como Fêmio, poeta profissional vinculado ao círculo doméstico do próprio Odisseu. Seu nome significa apenas O Contador ou O Contador de Histórias. Sua função é, todas as noites, entreter os convivas enquanto jantam, inventando histórias e canções para eles. Este é um trecho do primeiro livro da *Odisseia*, em que o filho de Odisseu, Telêmaco, instrui Fêmio sobre como agradar seu público:

> Você sabe que a canção mais honrada e louvada
> pelos homens é aquela que soa *completamente nova*
> aos ouvidos de quem a escuta. (1.351-2)

Homero deve ter sentido essa mesma pressão — a de ter que inventar um poema épico que soasse *completamente novo* para um público que tinha adorado seu *best-seller* anterior. A *Ilíada* era inigualável como narrativa de guerra. Então Homero fez da *Odisseia* um épico do pós-guerra. A *Odisseia* idealiza a sobrevivência, não a morte; a estrela de seu elenco é Odisseu, um herói para quem a sobrevivência não faz sentido se não der lucro. Odisseu é um herói da aquisição. Ele poderia ter voltado para casa um mês e meio depois do fim da guerra de Troia, mas em vez disso passou dez anos viajando pelo mundo, solicitando hospitalidade e presentes de cada pessoa que encontrava. No livro 19 da *Odisseia* há um episódio estranho, em que Odisseu justifica seu comportamento para a esposa. Nesse momento da história, ele já voltou para casa, em Ítaca, e está conversando com Penélope. Odisseu continua disfarçado — de caixeiro-viajante cretense —, e inventa uma história sobre ter topado há pouco com o marido dela, Odisseu:

> Na verdade, seu Odisseu já teria chegado há muito tempo
> mas à sua mente pareceu mais lucrativo
> viajar por muitas terras e adquirir coisas.
> Pois Odisseu *sabe o que é lucrar*, mais que
>
> > [os outros mortais;
> nisso, nenhum homem é seu rival.
>
> (19.282-6)

Penélope sequer ergue a sobrancelha. Ela conhece o marido, conhece o sistema econômico que ele manipula. Odisseu é senhor de terras, senhor de escravos, senhor de esposas; é um aristocrata inserido numa economia aristocrática extremamente controlada, baseada na reciprocidade e na troca de presentes. Esta é uma sociedade de nobres que põem suas riquezas individuais para circular entre si: festas, favores, presentes e hospitalidade mútua servem para reificar o status de cada um deles. São nobres que se dão o trabalho de diferenciar essa riqueza da classe alta — que é louvável — dos lucros e ganhos do comerciante ou do negociante — que não são. Os aristocratas dão e recebem presentes em vez de comprar e vender mercadoria. A diferença é tanto física quanto metafísica. Os presentes não são medidos, calculados ou precificados. O objetivo não é o lucro. Para usar os termos de Marx, uma mercadoria é um objeto alienável trocado por dois agentes que reconhecem sua independência mútua — a relação entre eles é impessoal e se conclui com a transferência dos bens. Um presente é um objeto inalienável trocado por dois agentes em relação de dependência recíproca. O objetivo dessa troca é colocar-se em dívida com o outro. O presente e a mercadoria representam duas noções diferentes de valor e dão corpo a dois padrões diferentes de relações sociais. Esses padrões deveriam ser mutuamente excludentes. Mas tanto na história como na psique, eles compartilham a mesma fronteira muito tênue, e às vezes chegam a se confundir um com o outro, embora o conservadorismo profundo de uma economia de troca de presentes queira defender essa fronteira com unhas e dentes.

Assim, na formulação de Homero, a riqueza aristocrática — aquela coisa da troca de presentes — toma a forma de tesouro, ou *keimelion*, uma palavra grega derivada do verbo *keimai*, que significa simplesmente "jazer, estar situado, num lugar ou dentro de um lugar". O substantivo *keimelion* é definido como "algo para ser guardado fora do alcance, ou como um tesouro", ou seja, é algo desnecessário para a subsistência de seu portador. Na poesia épica, o *keimelion* costuma aparecer sob a forma de bronze, ferro, ouro, prata, bons tecidos e até mesmo na forma de mulheres; esses objetos de estima podem ter algum uso prático e servir à fruição estética, mas sua verdadeira importância deriva de seu prestígio ou de sua riqueza simbólica. Eles têm um valor econômico definido e ao mesmo tempo *não têm preço*.

Teoricamente, então, não é por avareza nem por ganância que Odisseu passa dez anos viajando e acumulando quinquilharias pelo mundo. Ele leva coisas preciosas para casa para poder guardá-las como tesouros ou dá-las de presente. De todo modo, qualquer leitor astuto da *Odisseia* irá notar que as práticas econômicas de Odisseu são um tanto diferentes dessa teoria. É verdade que ele vive dentro de uma ordem econômica na qual os parâmetros são predefinidos, e as regras, claras, porém, gosta de pôr à prova aquela fronteira muito tênue. Mais do que qualquer outro herói de um poema épico da Antiguidade, Odisseu parece se divertir burlando ao máximo o sistema da troca de presentes. O disfarce de caixeiro-viajante vem a calhar em mais de uma situação.

Nem o herói de Moravia, em *Il disprezzo*, nem o de Godard, em *Le mépris*, possuem tal ironia. Os dois *Desprezos* contam a história de um escritor dotado de zero por cento de senso de humor. Seu nome é Riccardo. Ele foi contratado por uma grande produtora norte-americana para escrever o roteiro de um filme sobre a *Odisseia* de Homero. Riccardo é erudito, narcisista e neurótico com seu dinheiro. Ele aceitou a proposta porque precisava pagar o apartamento que comprou para a mulher, mas sente que esse trabalho está muito abaixo dele. Diz que escrever roteiros é "meramente tapar buracos" e se refere à própria existência como "maculada e estropiada" pelo dinheiro. Aos roteiros em geral, ele se refere como "uma espécie de estupro da inteligência", e sobre o roteiro que ele mesmo está escrevendo, diz: "... Agora terei que submeter a *Odisseia* ao massacre de sempre — rebaixá--la a filme".[1] Enquanto se ocupa desse massacre, seu casamento desmorona. No final da história, a mulher de Riccardo foge com o produtor norte-americano em seu carro esporte e morre num grotesco acidente de automóvel.

Tanto o romance como o filme terminam tragicamente. Já a *Odisseia* de Homero, como se sabe, não. O que salva Odisseu da tragédia, por um lado, são suas práticas econômicas — aquela combinação de tática de jogo e ironia que Homero sintetiza quando afirma que Odisseu "sabe o que é lucrar" —, e, por outro, o fato de ele realmente amar a esposa. Na verdade, acho que talvez esses sejam dois lados de uma mesma moeda. Porém, consideremos as esposas.

No romance de Moravia, Riccardo é casado com Emilia, uma feliz ex-datilógrafa que não está à altura do marido em termos de escolaridade, intelecto ou sensibilidade moral, coisa que mais de uma vez ele faz questão de nos deixar claro (é ele o narrador da história). Em vez de conversar com Emilia, Riccardo derrama sobre ela longos parágrafos de autoanálise, que ela recebe com um olhar vazio ou retirando-se da sala. A trama do romance gira em torno do desprezo misterioso que Emilia começa a manifestar por Riccardo assim que ele aceita o trabalho de roteirista. Ela o trata com frieza, decide que devem dormir em quartos separados e, depois de nove capítulos em que ele a interroga sem parar, Emilia finalmente admite que não o ama mais e que, na verdade, tem horror a ele. Riccardo passa o resto do livro analisando o que isso quer dizer. Por fim, acaba concluindo que a ofendeu na

---

[1] Alberto Moravia, *Contempt*, Angus Davidson (trad.), Nova York, New York Review Books, 1999, pp. 233, 41, 99.

primeira vez em que saíram para jantar com o produtor — quando permitiu que este lhe desse carona em seu carro esporte, enquanto ele próprio, Riccardo, os seguia num táxi. Ela só pode ter pensado, reflete ele, que estava sendo prostituída pelo próprio marido como parte da negociação do roteiro. Como se Odisseu tivesse voltado para casa e dito aos pretendentes que podiam fazer o que quisessem com Penélope. Não fica claro se é para acreditarmos ou não nessa explicação do desprezo de Emilia. Essa é apenas uma das muitas hipóteses que Riccardo aventa, e Emilia concorda com cada uma delas. Seus motivos, seus verdadeiros desejos e sua profundidade psíquica permanecem opacos para o leitor, do começo ao fim do romance. Do ponto de vista de Riccardo, ela é uma pessoa que não tem o menor interesse em autoconhecimento. Ao mencionar o acidente que pôs fim à vida dela, Riccardo diz: "Ela morreu sem nem saber".[2]

No filme de Godard, essa pessoa insondável é interpretada por Brigitte Bardot — uma escolha que encadeou algumas mudanças na história e na produção. Bardot se revelou (como nas palavras de Proust sobre sua personagem Odette) um "halo perturbador". Não só por ser loira (a Emilia do romance é morena), mas também por ter custado cinco milhões de francos, por ter sido seguida sem parar pelos *paparazzi* e por uma falange de seguranças, e por representar, para a França daquela época, a definição do feminino por excelência — por tudo isso, Brigitte Bardot retorceu a história até que esta perdesse a forma, ao mesmo tempo garantindo o sucesso de bilheteria. Godard precisava desse sucesso. Seus dois filmes anteriores tinham fracassado e ninguém sabia dizer onde a Nouvelle Vague iria parar. Ele não queria que ela seguisse o caminho de Hollywood nem o caminho das cifras

---

[2] *Ibidem*, p. 249.

das produções hollywoodianas. Mas quando aceitou fazer um filme com Brigitte Bardot, aceitou também todas as complexidades e concessões que vêm na esteira de um filme de grande orçamento. Ele precisou mudar seus métodos e abrir mão da autoridade sobre o filme, entregando-a a um produtor norte-americano chamado Joe Levine. Em vários sentidos, sua situação era estranhamente análoga à do pobre e atormentado personagem do romance de Moravia. Oscar Wilde teria admirado a maneira como a arte, nessas condições, tomou a dianteira e se transformou em vida. Mas não foi também ele quem disse que "a única maneira de se livrar de uma tentação é ceder a ela"? Godard se entregou tão completamente à tentação do CinemaScope que acabou criando um filme que é um espetáculo de concessões. Pairando sobre as bagatelas éticas do romance, o filme *Le mépris* celebra o fato de ter se vendido e se delicia argutamente consigo mesmo, num espírito que teria dado orgulho a Odisseu. Godard é um homem que *sabe o que é lucrar*. É um artista que extrai do tema do lucro todo um imaginário épico. E quando ele posiciona Brigitte Bardot no centro do filme, ela o leva para um patamar econômico completamente novo.

Mas voltemos por um instante a Odisseu e à questão de cantar para ter o que comer. Suas melhores refeições são de longe as que acontecem na ilha de Calipso, no livro 5. Calipso é uma deusa menor que se apaixona por Odisseu e o detém por alguns anos contra sua vontade. Ele passa a primeira semana fascinado, a segunda, entediado, e aos poucos se afunda numa espécie de desespero que poderia ser qualificado como econômico, já que Homero o enquadra como uma questão de oferta e demanda. A ilha de Calipso é mágica e satisfaz todas as necessidades que Odisseu possa ter em termos de comida, bebida, roupas, sexo, companhia e conversa. A única moeda que ele tem que dar em troca é ele mesmo — por inteiro. Calipso quer seu corpo e sua alma. Ela o quer por inteiro, física, emocional, moral e verbalmente; quer a obra de arte que ele fez da própria vida. E quer para sempre: ela promete imortalizá-lo. Quando ele rejeita a transação, Calipso fica perplexa. Por que alguém escolheria abandonar aquele paraíso do consumidor onde se pode viver para sempre, ao lado de uma divindade estonteante? A resposta de Odisseu é: "Eu sei que você é uma deusa, e que é maior e mais bonita que minha mulher, pois você não morre nem envelhece, enquanto ela não passa de uma mortal. No entanto, prefiro Penélope. E o que mais anseio é pelo dia do meu regresso". A resposta de Odisseu configura um cálculo: ele mede, de um lado, os dias infinitos e os prazeres infinitos de Calipso; de outro, um único dia, o de seu retorno, e os atrativos mortais de sua mulher. O infinito é menor.

Nem Odisseu nem Homero revelam o que, exatamente, está faltando no infinito, isto é, eles nunca oferecem uma descrição objetiva de Penélope. Não sabemos se sua compleição é clara ou escura. Em nenhum lugar Odisseu enumera as qualidades que a tornariam mais desejável que uma deusa. O que fica claro nos últimos episódios do poema, em que marido e mulher estão envolvidos na chamada "cena de reconhecimento" — que começa no livro 17, quando Odisseu aparece disfarçado na casa de Penélope, e vai até o 23, quando ela cai em seus braços, chorando, e o chama pelo nome —, é que Penélope é páreo para Odisseu, tanto em astúcia quanto em ambiguidade. Ao longo desses seis livros, vemos Penélope seduzi-lo com a tática simples de jamais permitir que ele saiba no que ela está pensando. Numa série de interações provocantes, ela se exibe diante dele e exibe a expectativa do retorno ao lar — oferece-lhe comida, roupas, banho, uma cama no átrio e conversas profundas — sem nunca deixar claro que já o reconheceu. Os pesquisadores até hoje discordam quanto ao momento do poema em que ela conclui que Odisseu só pode ser Odisseu e que por isso ela deve recebê-lo de volta ao lar. O poder de Penélope é o poder de conter o significado. Do mesmo modo, Emilia, a esposa no romance de Moravia, parece ser, aos olhos de seu marido Riccardo, um *locus* movediço de ambiguidade. Ele não a compreende. E já que ela é "apenas uma datilógrafa", Riccardo atribui sua incompreensão ao fato de Emilia não ter recebido uma boa educação, ou de ser corrompida, ou (em seus termos) de "não ter consciência" de sua própria vida interior. Nunca ficamos sabendo se isso é verdade; a personagem de Emilia está sempre fora de foco. Ela só é vista pelo filtro da irritação de Riccardo. Às vezes ela parece tão incompreensível que chega a desmantelar-se diante dele. Assim ele descreve o modo como seu rosto muda no meio de uma discussão:

> Ela olhou para mim [e] eu reparei numa peculiaridade que já conhecia: seu rosto bonito, escuro e sereno, tão harmonioso, tão simétrico, tão compacto, passou — por causa da indecisão que lhe cindia a mente — por uma espécie de processo de decadência: uma das bochechas parecia ter encolhido (mas a outra, não), a boca não estava mais exatamente no meio do rosto, os olhos, perplexos e turvos, pareciam se desintegrar dentro das órbitas, como se ocupassem dois círculos de cera escura.[3]

Quando li esse trecho pela primeira vez, pensei duas coisas: a primeira, que ele era assustador; a segunda, que Riccardo era um cara bem esquisito. Mas depois pensei um pouco mais, e me veio a ideia de que tanto ele quanto sua atitude teriam sido perfeitamente aceitos na Grécia de Homero. A Grécia não era uma sociedade apenas patriarcal, mas tam-

---

[3] *Ibidem*, pp. 68-9.

bém ginofóbica; seus pesadelos giravam em torno de mulheres sem forma, só conteúdo. Os textos da Antiguidade, sobre medicina, filosofia e legislação, e também os literários, dão provas de sobra de que a mulher era vista como uma criatura cujas fronteiras são instáveis, e cujo poder de controlá-las é insuficiente. A deformação a acompanha. Ela incha, murcha, vaza, perfura-se e se desintegra. Pensem no ciclo de vida da mulher, cheio de sangramentos, penetrações, gravidezes, mudanças de forma. Pensem nos monstros da mitologia grega, que em sua maior parte são mulheres de fronteiras desarranjadas, como Cila, Medusa, as sereias, as harpias, as amazonas, a Esfinge. O autocontrole é uma virtude física, mental e moral, uma virtude que, segundo os antigos, as mulheres decididamente não possuem. Para adquirir forma ou consistência, é preciso que a fêmea se submeta à regulação e à articulação do macho.

Não é nenhuma surpresa, então, que nem mesmo a morte tenha conseguido dar fim à incoerência de Emilia. O romance de Moravia tem um desfecho muito estranho, no qual, imediatamente após o acidente de carro lhe tirar a vida, a esposa aparece como um fantasma e trava uma longa conversa com o marido, para depois desvanecer. Transcorrida a cena, o marido não consegue se decidir se aquilo de fato aconteceu. Ele diz:

> Na vida como na morte, não houve real conformidade. Nunca saberei se ela era um fantasma, uma alucinação, um sonho ou uma ilusão de outro tipo. A ambiguidade que contaminou nossa relação em vida continuou mesmo depois de sua morte.[4]

---

[4] *Ibidem*, p. 250.

Ao contrário de Odisseu, que se apaixona por sua mulher uma segunda vez justamente por ser ela tão incognoscível, e que abandona uma deusa por achar, supostamente, que a mortalidade de Penélope é o maior dos afrodisíacos, Riccardo se ressente da morte e da falta de forma de Emilia e a desaprova. No último parágrafo do romance, porém, ele descobre uma via possível para si: escrever a história dela, isto é, escrever *este* romance. Ele vai confinar o halo de problemas de Emilia nos contornos de sua prosa. No fim das contas, ela não era assim tão difícil de conter — Riccardo pode contê-la em suas frases. No fim das contas, não é que ela não tem preço — ele a torna parte de suas próprias transações com a imortalidade poética. Ele vende Emilia.

Quando aceitou repetir a transação e capturar essa mulher fantasmagórica na versão cinematográfica do livro, Jean-Luc Godard topou com algumas dificuldades. Numa entrevista de 1963, explicou por que falhou em sua tentativa de transformar Brigitte Bardot na Emilia do romance de Moravia. "Bardot é um bloco", ele diz, "você tem que recebê-la como um bloco, uma peça só; é por isso que é interessante."[5] A palavra-chave aqui é "interessante". Li o romance de Moravia quatro vezes e nunca consegui achar Emilia interessante. Talvez isso seja parte da intenção de Moravia — que o retrato que Riccardo faz da esposa torne-a achatada como uma moeda atropelada por um carro. Já no filme, quando o bloco-Bardot assume a personagem, a ambiguidade é amplificada a ponto de adquirir profundidade, individualidade, ela ganha carne, de um modo que nunca chegou a ter no livro. Ela não é de fato a Emilia; é algo mais, algo diferente. Porém, ela tem uma coisa importante em comum com a

---

[5] Entrevista a Jean Collet, 12 de setembro de 1963, *apud* T. Mussman, *Jean-Luc Godard*, Nova York, Dutton, 1958, p. 146.

esposa de Odisseu: assim como Penélope, Brigitte Bardot é um segredo. Ela permanece sendo um segredo. Isso eu não consigo analisar. Vou dar um exemplo de como funciona no filme — de como Bardot e Godard colaboraram para que funcionasse, para que ela continuasse secreta.

No meio de tudo, havia uma questão crucial envolvendo o lucro. De novo, Oscar Wilde: "A arte, como a moral, diz respeito a estabelecer algum limite".[6] O limite que Godard traçou enquanto fazia o filme era o corpo de Brigitte Bardot. Ele não o explora. Ele filma uma cena de Bardot na banheira, mas ela está deitada com um livro enorme de crítica de cinema (sobre Fritz Lang) escondendo suas partes íntimas. O produtor norte-americano Joe Levine ficou furioso quando viu a primeira versão do filme. Sentiu que tinha sido enganado e exigiu que houvesse nudez: estava decidido a fazer aquele corpo valer cada centavo dos cinco milhões de francos. Godard então acrescentou uma cena no começo do filme, antes dos créditos. A cena mostra Brigitte Bardot nua, deitada na cama ao lado de um homem. Os dois conversam. Ela pergunta se ele gosta do corpo dela, faz uma lista de cada parte desse corpo. "Você gosta dos meus dedos dos pés, gosta dos meus joelhos, gosta da minha bunda?" "Do que você gosta mais, dos dedos do meu pé direito ou do esquerdo? Do joelho direito ou do esquerdo? Dos meus seios ou dos meus mamilos?" Enquanto isso, a câmera zanza pelo seu corpo e se demora nas suas costas. O homem responde com solenidade a cada uma das perguntas, até finalmente dizer: "Eu te amo completamente, ternamente e tragicamente". Ao que Bardot, com sua ambiguidade suprema, responde: "*Moi aussi*", e a cena acaba.

---

[6] Na verdade, a frase é de Chesterton, mas quando escrevi este ensaio achei que fosse de Oscar Wilde, e ainda gostaria que fosse.

Bardot atua sem desprezo nessa cena. Seus gestos são simples, transparentes; o tom de voz é serenamente banal. Sua conduta é inocente como a água. Mas, de alguma forma, bem no meio dessa exposição total e totalmente forçada de si, ela desaparece. Ao mesmo tempo que se coloca à venda, dedo a dedo, mamilo a mamilo — à venda para o julgamento masculino, para a câmera de Godard, para o olhar do espectador —, ela escapa da transação. Transforma-se em algo exorbitante, como têm de ser os segredos. Como têm de ser os presentes. O preço dela é alto demais para nós.

Daí em diante, é ela a sutil condutora de cada uma das cenas. Das suas táticas de conduta sutil, minha favorita, de longe, é o gesto de embrulhar. Acho que são três os momentos do filme em que Bardot veste um roupão. Ela o faz com um só movimento: sacode o roupão sobre os ombros, joga a faixa em volta da cintura, amarra-o com firmeza usando as duas mãos e sai de cena. É estupendo. Ela se embrulha e sai. E vence. A cada vez que repete o gesto, ela vence o filme. O filme pergunta a Bardot: "Você é algo inerentemente sem fronteiras?", e ela, em vez de responder, se embrulha no ilimitado e sai.

Brigitte Bardot é o herói desse épico. É ela, enfim, quem *sabe o que é lucrar*. Desde a primeira cena, ela se comporta como um *keimelion*, como um tesouro resguardado, e parece ser capaz de conservar e de impor sobre nós o sentido desse *keimelion* enquanto algo exorbitante, um presente que não tem preço. Como Odisseu, ela detém o poder de guardá-lo ou de oferecê-lo a alguém. E em colaboração com Godard ela consegue nos convencer de que uma das faces do lucro, para aqueles que sabem lucrar, pode ser transcendental. Se não a face, a bunda.

Bibliografia

Bersani, Leo; Dutoit, Ulysse. *Forming Couples: Godard's Contempt.* Oxford: Legenda, 2003.

Collet, Jean. "Interview with Jean-Luc Godard", 12 de setembro de 1963, em Mussman, Toby, *Jean-Luc Godard: A Critical Anthology.* Nova York: Dutton, 1968.

Dougherty, Carol. *The Raft of Odysseus: The Ethnographic Imagination of Homer's Odyssey.* Oxford: Oxford University Press, 2001.

Finley, Moses. *The World of Odysseus.* Nova York: Viking Press, 1977.

MacCabe, Colin. *Godard: A Portrait of the Artist at 70.* Londres: Bloomsbury, 2003.

Moravia, Alberto. *Il disprezzo.* Milão: Bompiani, 1954.

_____. *Contempt.* Angus Davidson (trad.). Nova York: New York Review Books, 1999.

10.
VARIAÇÕES SOBRE O DIREITO
DE PERMANECER CALADO

Toda coisa que existe
é uma celebração do nada que a sustenta.

— John Cage

No estudo e na prática da tradução, o silêncio é tão importante quanto as palavras. Talvez essa frase seja um pouco clichê. (Me parece clichê. Talvez possamos retomar isso mais tarde.) Existem dois tipos de silêncio que incomodam a tradutora: o físico e o metafísico. O silêncio físico se dá quando você olha, por exemplo, para um poema de Safo inscrito num papiro de dois mil anos atrás que foi rasgado ao meio. Metade do poema é um espaço vazio. A tradutora pode criar um sentido para essa falta, ou até corrigi-la de diferentes maneiras — com espaços em branco, ou colchetes, ou conjecturas textuais —, e ela tem razão de agir assim porque não era a intenção de Safo que aquela parte do poema se perdesse no silêncio. O silêncio metafísico acontece no interior das palavras. E suas intenções são mais difíceis de definir. Toda tradutora e todo tradutor conhece o ponto em que se torna impossível verter uma língua para outra. A palavra "clichê", por exemplo. Ela é um termo emprestado do francês, particípio passado do verbo *clicher*, que na linguagem tipográfica significa "fazer um estereótipo de uma superfície com relevo para impressão". Foi adotado pelo inglês sem mudanças, em parte porque os anglófonos se sentem mais inteligentes quando usam palavras francesas, mas em parte também porque a palavra "clichê" tem origem imitativa (supostamente, imita o som que a matriz do tipógrafo faz quando bate no metal), o que a torna intraduzível. Os sons do inglês são outros. O inglês se perde no silêncio. Esse tipo de decisão linguística é simplesmente uma régua do nosso estrangeirismo; ela nos faz aceitar o fato de que as línguas não são meros algoritmos intercambiáveis; não se pode encontrar correspondências ponto por ponto. Mas o que aconteceria se, dentro desse silêncio, você descobrisse um silêncio ainda mais profundo, de uma palavra que *não se pretende* traduzível. Uma palavra que se interrompe. Aqui temos um exemplo.

No quinto livro da *Odisseia* de Homero, quando Odisseu está prestes a confrontar a feiticeira Circe, que tem o hábito de transformar homens em porcos, ele recebe do deus Hermes uma planta medicinal que pode ser usada para reverter feitiços. Homero a descreve assim:

E assim dizendo, Hermes deu-lhe o remédio,
Arrancando-o da terra, e mostrou sua natureza:
Na raiz era preto, mas a flor era como leite.
Molu é como os deuses o chamam. E é muito difícil
[colhê-lo
Quando se é mortal. Mas os deuses sabem fazer
[essas coisas.
(10.305)

Molu é uma das muitas ocorrências, nos poemas de Homero, daquilo que ele chama de "língua dos deuses". Na poesia épica, há um punhado de gente ou de coisas que recebem essa espécie de nome duplo. Os linguistas gostam de ver nesses nomes traços de uma camada mais antiga do indo-europeu, preservada no grego de Homero. Seja como for, quando Homero invoca a língua dos deuses, ele costuma oferecer a tradução terrena logo em seguida. Aqui, porém, temos uma exceção. Ele quer que essa palavra se perca no silêncio. Temos aqui quatro letras do alfabeto; podemos pronunciá-las, mas não podemos defini-las, nem possuí-las, nem empregá--las. Não podemos procurar essa planta na beira da estrada, nem jogar seu nome no Google para descobrir onde comprá--la. A planta é sagrada, o conhecimento pertence aos deuses, a palavra se interrompe. É quase como ser presenteado com o retrato de alguém — não de uma pessoa famosa, mas de alguém que talvez pudéssemos reconhecer se parássemos para pensar — e, quando você se aproxima para ver melhor, percebe que no lugar do rosto há tinta branca salpicada. Não foi nos rostos de seus deuses que Homero jogou a tinta branca, mas sim na palavra deles. O que essa palavra esconde? Nunca saberemos. Mas o borrão sobre a tela está ali para nos lembrar de algo importante sobre esses seres enigmáticos, os deuses da poesia épica, que não são necessariamente maiores, mais fortes, mais espertos, nem mais bonzinhos ou bonitos que os humanos; que são, na verdade, um clichê antropomórfico da cabeça aos pés, mas têm uma carta a mais que nós na manga: a imortalidade. Eles sabem como não morrer. E será que não é nas quatro letras intraduzíveis do *molu* que esse conhecimento se esconde?

No intraduzível, na palavra que se emudece em trânsito, há algo que nos atrai de modo enlouquecedor. Quero explorar alguns exemplos dessa atração em seu nível mais enlouquecido: o julgamento e a condenação de Joana D'Arc.

A história de Joana D'Arc, sobretudo o registro que se fez de seu julgamento, está repleta de traduções, em todos os níveis. Ela foi capturada em combate no dia 23 de maio de 1430. O julgamento durou de janeiro a maio de 1431 e envolveu um inquérito do magistrado, seis interrogatórios públicos, nove interrogatórios privados, uma abjuração, uma recidiva, um julgamento pela recidiva e uma condenação. Sua morte na fogueira ocorreu no dia 30 de maio de 1431. Mi-

Variações sobre o direito de permanecer calado

lhares de palavras foram trocadas entre Joana e seus juízes durante os meses de sua inquisição; muitas delas estão disponíveis para nós, em diferentes formas. Mas a própria Joana não sabia ler nem escrever. Ela falou em francês médio durante o julgamento, e as minutas foram transcritas por um notário e depois traduzidas para o latim por um dos juízes. Nesse processo, não apenas suas falas foram transformadas em discurso indireto, mas também seu francês idiomático foi traduzido para o latim dos protocolos jurídicos, e algumas de suas respostas foram deliberadamente falsificadas de modo a justificar a condenação (essa intervenção criminosa foi revelada num julgamento posterior, vinte e cinco anos após sua morte).[1] E, no entanto, essas várias camadas de distanciamento oficial que nos separam do que a própria Joana falou são apenas sequelas da grande distância original entre Joana D'Arc e suas sentenças.

Toda sua orientação militar e moral era advinda de uma fonte que ela chamava de "vozes". Toda a culpabilidade do julgamento foi concentrada em torno dessa questão, da natureza dessas vozes. Ela começou a ouvi-las quando tinha doze anos de idade. Vinham de algum lugar fora dela e guiaram sua vida e sua morte, suas vitórias militares e sua política revolucionária, sua indumentária e suas crenças heréticas. Durante o julgamento, os juízes sempre voltavam a esse ponto crucial: insistiam em descobrir a história dessas vozes. Queriam que Joana as nomeasse, as corporificasse e as descrevesse de uma maneira que eles pudessem compreender, com imagética e sentimentos religiosos reconhecíveis, numa narrativa convencional, que pudesse ser submetida a uma refutação convencional. De dezenas de modos diferentes eles

---

[1] Françoise Meltzer, *For Fear of the Fire*, Chicago, University of Chicago Press, 2001, pp. 119-21.

formularam esse desejo, em todas as suas perguntas. Eles sondaram e espicaçaram e encurralaram Joana D'Arc. Ela desprezava esse modo de interrogação e o obstruiu enquanto pôde. Ao que parece, as vozes não tinham história alguma para ela. Eram um fato de sua experiência, tão grande e tão verdadeiro que havia se solidificado dentro dela como uma espécie de abstração sentida — como aquilo que Virginia Woolf chamou de "o próprio choque nos nervos, antes que *o tornem* alguma coisa".[2] Joana queria comunicar o choque nos nervos sem ter que traduzi-lo num clichê teológico. O que me atrai é a raiva que ela tem ao clichê. Nessa raiva há um gênio. Todos nós a sentimos em algum nível, em algum momento. A resposta do gênio a ela é a catástrofe.

Digo que a catástrofe é uma resposta porque acredito que o clichê seja uma pergunta. Nós recorremos a ele por ser mais fácil do que ter que inventar algo do zero. Fica implícita a pergunta: Já não sabemos o que pensar a respeito disso? Já não temos uma fórmula pronta para isso? Eu não poderia simplesmente mandar um powerpoint por email, ou ajeitar no photoshop uma imagem de como era, em vez de criar um desenho original? Durante os cinco meses de julgamento, Joana insistiu no uso do termo "voz" para descrever o modo como Deus a guiava. Jamais afirmou espontaneamente que as vozes tinham corpos, rostos, nomes, cheiros, calor ou humor, nem que entravam pela porta, nem que quando se retiravam ela ficava triste. Esses detalhes, ela os foi acrescentando diante dos apelos inexoráveis dos inquisidores. Mas o esforço de contar uma história era claramente algo detestável para ela. Jogou tinta branca em suas respostas sempre que possível, dizendo coisas como:

---

[2] Virginia Woolf, *To the Lighthouse*, Nova York, Harcourt, Brace & Co., 1927, p. 193.

Variações sobre o direito de permanecer calado

... Você já perguntou isso antes. Vá conferir os registros.
... Passe para a próxima pergunta, me poupe.
... Eu já soube muito bem, mas agora esqueci.
... Isso não diz respeito a este processo.
... Pergunte-me no sábado que vem.

E num dia em que os juízes a pressionaram para que definisse as vozes no plural ou no singular, ela disse, do modo mais esplêndido (como se resumisse a questão):

A luz vem em nome da voz.

A luz vem em nome da voz é uma frase que se interrompe. Seus componentes são simples, mas ela permanece estrangeira; não podemos possuí-la. Como o *molu* intraduzível de Homero, ela parece ter vindo de outro lugar e cheira um pouco a imortalidade. Sabemos que, no caso de Joana, revelou-se que esse era o cheiro dela própria ardendo. Passemos então a um outro exemplo das proezas da tradução, um que é menos tenebroso, mas igualmente movido pela raiva ao clichê — ou, como diz o próprio tradutor neste caso, "querer pintar o grito, e não o horror".[3] Essa afirmação, que talvez vocês reconheçam, foi proferida pelo pintor Francis Bacon em referência à série bastante conhecida de retratos que ele fez do papa gritando (são variações do retrato do Papa Inocêncio X, de Velázquez).

Ao longo de sua carreira, Francis Bacon se submeteu frequentemente a inquisições; as mais conhecidas são uma série de entrevistas com o crítico de arte David Sylvester, publicadas num volume intitulado *A brutalidade do fato*, palavras com que Bacon define o que busca numa pintura. Ele é

---

[3] David Sylvester, *The Brutality of Fact: Interviews with Francis Bacon*, 3ª ed., Londres, Thames & Hudson, 1987, p. 48.

um pintor representacional. Seus temas são pássaros, cachorros, grama, pessoas, areia, água, ele mesmo; o que ele quer capturar desses temas é (nas palavras dele) "sua realidade", ou (como disse uma vez) "sua essência", ou ainda (como diz frequentemente), "os fatos". Com "fatos" ele não quer dizer que pretende fazer uma cópia desses temas, como faria um fotógrafo, e sim criar uma forma sensível que traduza diretamente ao nosso sistema nervoso a mesma sensação que aquele tema provoca. Quer pintar a sensação de um jato d'água, seu choque nos nervos. Tudo o que não for isso será um clichê. Tudo o que não for isso será a velha história de como São Miguel ou Santa Margarida ou Santa Catarina entraram pela porta com milhares de anjos ao redor e um doce aroma preencheu a sala. Ele detesta toda essa contação de histórias, essas ilustrações, e fará de tudo para se esquivar do tédio que elas provocam, ou perturbá-lo, incluindo borrar suas telas com esponjas ou jogar tinta nelas.

Francis Bacon não invoca a metáfora da tradução quando descreve o que quer fazer com o nosso sistema nervoso por meio da pintura, mas às vezes chega literalmente ao silêncio, como quando diz ao entrevistador: "Veja, este é o ponto em que se torna absolutamente impossível falar sobre a pintura. A coisa toda está no processo".[4] Nessa afirmação ele demarca seu território como sendo o do intraduzível, assim como Joana D'Arc falou a seus juízes: "Isso não diz respeito a este processo". Dois usos diferentes de "processo", mas o mesmo dar de ombros irritado diante da autoridade que faz demandas impraticáveis. Podemos sentir essa irritação dando forma à vida pública de Joana — em sua audácia militar, sua escolha de usar roupas masculinas, na abjura-

---

[4] Michael Peppiatt, "An Interview with Francis Bacon", *Art International*, 8, 1989, p. 53.

Variações sobre o direito de permanecer calado

ção da heresia e na recidiva herética, nas suas lendárias palavras finais aos juízes: "Acendam suas fogueiras!". Se o silêncio tivesse sido uma possibilidade para Joana D'Arc, ela não teria ido parar na fogueira. Mas o método dos inquisidores era reduzir tudo o que ela lhes dissera a doze acusações escritas no latim deles, com as palavras deles. Isto é, a história que eles fizeram dela cristalizou-se como o fato dado.[5] As acusações foram lidas em voz alta para ela. Joana D'Arc tinha que responder a cada uma dizendo "Sim, nisto eu creio" ou "Não, nisto eu não creio". Uma pergunta de sim ou não proíbe que as palavras se interrompam. A intraduzibilidade se torna ilícita.

Interrupções e silêncios de ordens diversas, porém, parecem estar disponíveis para Francis Bacon em seu processo de pintar. Por exemplo, nos temas, quando ele escolhe retratar pessoas gritando num meio que não é capaz de transmitir o som. Ou no uso que ele faz da cor, o que é um assunto complexo, por isso vejamos um de seus aspectos, a saber, as extremidades da cor. Sua meta como pintor, como vimos, é oferecer uma sensação, mas sem o tédio do seu meio de transmissão. É subjugar a narrativa onde quer que ela ameace aparecer — ou seja, basicamente em todo lugar, já que os seres humanos são criaturas que anseiam por uma história. Há uma certa tendência que faz com que as histórias se imiscuam em qualquer espaço entre duas figuras ou duas marcas numa tela. Bacon faz uso da cor para silenciar essa tendência. Ele puxa a cor até as extremidades de suas figuras, e é uma cor tão dura, chapada, radiante e sem movimento que se torna impossível adentrá-la ou se interessar por ela. Há algo nela que a torna um terreno árido para a curiosidade. Bacon disse que gostaria de "pôr um deserto do Saara, ou as distân-

---

[5] F. Meltzer, *op. cit.*, p. 124.

cias de um Saara" entre as partes de uma pintura.[6] Suas cores têm um efeito excludente e acelerador, fazem com que o nosso olhar siga em frente. É como se dissessem: "Não se demore aqui inventando histórias, atenha-se aos fatos". Às vezes, ele coloca uma flecha branca em cima da cor para apressar o nosso olho e condenar ainda mais a contação de histórias. Olhar para essa flecha é sentir uma obliteração da narrativa. Bacon diz que tirou a ideia das flechas de um manual de golfe.[7] Saber disso me faz perder ainda mais a esperança de compreender a história de algum quadro seu. Bacon não tem nenhum interesse em alimentar essa esperança. Como Joana D'Arc não tinha quando respondeu à pergunta "Como é o som de suas vozes" dizendo: "Pergunte-me no sábado que vem". Bacon oblitera a relação usual entre fundo e figura, e a troca de informações que haveria ali; Joana extingue a relação usual entre pergunta e resposta. Eles interrompem o clichê.

Bacon tem um outro nome para essa interrupção: ele a chama de "destruir a claridade com a claridade".[8] Não só no seu uso da cor, mas em toda a sua estratégia de composição, ele quer nos fazer ver algo para o qual ainda não temos olhos; ele quer que escutemos algo que nunca soou. Ele entra dentro da claridade até alcançar o ponto de maior frescor; lá onde a claridade é a mesma e, no entanto, difere de si mesma, um lugar que talvez seja análogo àquele que existe no interior de uma palavra que cai no silêncio de sua própria presença. E é notório que, para Bacon, este lugar seja um lugar de violência. Ele fala muito de violência em suas entre-

---

[6] D. Sylvester, *op. cit.*, p. 56.

[7] H. M. Davies, "Interview with Francis Bacon", *Art in America*, 63, março-abril, 1975, p. 63.

[8] Gilles Deleuze, *Francis Bacon: The Logic of Sensation*, Daniel W. Smith (trad.), Londres, Continuum, 2003, p. 6.

vistas. Os entrevistadores fazem muitas perguntas sobre violência quando o entrevistam. Ele e seus entrevistadores não estão falando da mesma coisa quando usam essa palavra. As perguntas deles dizem respeito a imagens de crucificação, carne de abatedouro, contorções, mutilações, touradas, jaulas de vidro, suicídio, seres metade animais e pedaços de corpos não identificados. A resposta que ele dá diz respeito à realidade. Ele não está interessado em ilustrar situações violentas, e, quando seus trabalhos o fazem, ele os menospreza, chamando-os de "sensacionalistas". Ele quer transmitir a sensação, não o sensacionalismo; quer pintar o grito, não o horror. E ele entende que o grito em sua realidade se encontra em algum lugar dentro da superfície de uma pessoa gritando, ou de uma situação digna de grito. Se analisarmos seu estudo do papa gritando em comparação com o *Retrato do Papa Inocêncio X*, quadro que o inspirou, veremos que o que Bacon fez foi mergulhar os braços na imagem de Velázquez, que retrata um homem profundamente aflito, e arrancar lá de dentro um grito que já estava acontecendo. Ele fez uma pintura do silêncio na qual o silêncio silenciosamente se rasga, como dizem que acontece com os buracos negros no céu profundo quando ninguém está observando. Este é Bacon em conversa com David Sylvester:

> Quando se fala da violência da pintura, ela não tem nada em comum com a violência da guerra. Ela tem a ver com a tentativa de refazer a violência da própria realidade... e também a violência das sugestões contidas nas próprias imagens, que só pode ser transmitida pela pintura. Quando olho para você do outro lado da mesa, não vejo apenas você, vejo toda uma emanação que tem a ver com a sua personalidade e tudo o mais... a qualidade vivaz... todas as pulsações de uma pessoa... a energia dentro da aparência... E transmitir isso numa

pintura significa que esta vai parecer violenta em suas tintas. Nós estamos quase sempre vivendo atrás de telas, de véus — uma existência velada. E eu às vezes acho que, quando as pessoas dizem que o meu trabalho é violento, é porque de quando em quando eu consigo remover uma ou duas dessas telas.[9]

Bacon diz que vivemos atrás de telas. Que telas são essas? São parte do nosso modo habitual de olhar para o mundo, ou, talvez, do nosso modo habitual de olhar para o mundo sem enxergá-lo, já que, segundo Bacon, uma pessoa que realmente olhasse para o mundo perceberia que ele é bastante violento — e não é uma violência da superfície narrativa, mas a violência de sua composição, que subjaz a superfície, a violência que constitui sua essência. Ninguém nunca viu um buraco negro, mas os cientistas têm bastante confiança de que é possível localizar sua essência no colapso gravitacional das estrelas — essa violência massiva, esse *algo* que é também, de maneira espetacular, um *nada*. Mas voltemos agora o nosso olhar histórico para a Alemanha da virada do século XVIII, e atentemos a um poeta lírico que desapareceu em seu próprio buraco negro ao tentar traduzir a cor púrpura.

A palavra "púrpura" vem do latim *purpureus*, que vem do grego *porfura*, um substantivo que designa um molusco. Esse molusco marinho, mais especificamente o murex espinhoso ou murex listrado, era de onde se extraíam todas as tinturas roxas e vermelhas na Antiguidade. Mas ele tinha também um outro nome em grego, *kalxh*, e dessa palavra derivam um verbo, uma metáfora e um problema para os tradutores. O verbo *kalxainein*, "procurar o molusco púrpura", passou a designar, em grego, um estado emocional de perturbação profunda: significa tornar-se sombrio de tão aflito,

---

[9] D. Sylvester, *op. cit.*, pp. 82, 174-5; G. Deleuze, *op. cit.*, pp. 38-9.

Variações sobre o direito de permanecer calado

fervilhar de preocupações, apegar-se a pensamentos obscuros, remoer nas profundezas da própria mente. Quando, em 1796, o poeta lírico alemão Friedrich Hölderlin assumiu a tarefa de traduzir a *Antígona* de Sófocles, ele se deparou com este problema já na primeira página. A peça abre com Antígona, angustiada, confrontando a irmã, Ismênia. "O que foi?", pergunta Ismênia, e acrescenta o verbo púrpura: "Obviamente, você está ficando sombria, está remoendo profundamente (*kalchainous*) alguma notícia" (*Antígona*, 20). Essa é uma tradução-padrão do verso. E esta é a versão de Hölderlin: "*Du scheinst ein rotes Wort zu färben*", o que quer dizer algo como "Você parece pintar uma palavra roxo-avermelhada, tingir suas palavras de púrpura-vermelho". O literalismo implacável desse verso é típico de Hölderlin. Seu método de tradução era apanhar cada item da dicção original e arrastá-los à força para a língua alemã, mantendo exatamente a mesma sintaxe, a ordem das palavras e o sentido lexical. Disso resultaram versões de Sófocles que fizeram Goethe e Schiller gargalhar quando as ouviram. Resenhistas eruditos fizeram uma lista com mais de mil erros e chamaram as traduções de desfiguradas, ilegíveis, obras de um louco. De fato, em 1806, Hölderlin foi declarado louco. Sua família o internou num hospital psiquiátrico e, um ano mais tarde, ele foi liberado com o diagnóstico de "incurável". Passou os últimos trinta e sete anos de sua vida numa torre que dava para o rio Necar, durante os quais transitou por estados de indiferença e êxtase, dando voltas pelo quarto, tocando piano, escrevendo em pedaços de papel e recebendo visitas esparsas. Morreu ainda louco, em 1843. É um clichê dizer que as traduções que Hölderlin fez de Sófocles mostram-no à beira do surto e que elas tiram toda a sua estranheza luminosa, retorcida e impronunciável do estado mental de seu autor. Mas eu ainda me pergunto qual é, exatamente, a relação entre loucura e tradução. Em que lugar da mente a tradução ocorre? E se há um silêncio que se abate sobre algumas palavras, quando, como e com que violência isso acontece, e que diferença isso faz para quem você é?

Algo que me impressiona em Hölderlin como tradutor, e em Francis Bacon como pintor, e, aliás, também em Joana D'Arc como soldado de Deus, é o grau elevado de consciência que cada um deles teve ao manipular a catástrofe. Hölderlin começou a se inquietar com as traduções de Sófocles em 1796, mas foi só em 1804 que publicou *Édipo* e *Antígona*. A julgar por suas primeiras versões, que "não eram vivazes (*lebendig*) o bastante", ele as submeteu a anos de revisões obsessivas, forçando os textos a sair do estranho rumo ao mais estranho ainda. É assim que David Constantine, especialista em Hölderlin, descreve esse esforço:

> Ele retorceu o texto original até fazê-lo caber no entendimento idiossincrático que tinha não apenas dele, mas também de sua obrigação de traduzi-lo... Escolhia sempre a palavra mais violenta, de modo que os textos são costurados por um vocabulário do excesso... Ele também dava voz a essas forças no interior de sua psique, que estava prestes a levá-lo ao limite. Será que, ao pronunciá-las, não estava lhes dando força e estímulo? É um velho paradoxo: quanto melhor o poeta enuncia certas coisas, melhor ele as prepara para que o ataquem de volta. Sendo tão bem colocadas, será que não se tornam irresistíveis?[10]

Ao menos o processo dessa violência era irresistível. Pois é notável que nessa mesma época Hölderlin tenha começado a revisar seus primeiros escritos, fazendo-o dessa mesma ma-

---

[10] David Constantine, *Hölderlin's Sophocles*, Tarset, Bloodaxe, 2001, pp. 8-11.

Variações sobre o direito de permanecer calado

neira, isto é, examinando minuciosamente os poemas já terminados em busca de partes que não fossem "vivazes o bastante", para depois traduzi-las para uma outra língua, também alemã, que silenciosamente jazia dentro da sua. Como se, avançando pelos versos, arrancando as tampas das palavras e mergulhando os braços nelas, ele encontrasse a própria loucura vindo na direção oposta.

Não foi, porém, um encontro completamente ao acaso. Desde muito cedo Hölderlin tinha uma teoria sobre si mesmo. Este trecho vem de uma carta de 1798 para seu amigo Neuffer, que começa com a seguinte frase: "A vivacidade (*lebendigkeit*) da poesia é agora o que mais ocupa a minha mente", e depois segue com essa lúcida análise do balanço geral de sua existência:

> ... por eu ser mais destrutível que outros homens, devo tentar ainda mais obter alguma vantagem de tudo o que tiver um efeito destrutivo sobre mim... devo aceitá-lo de antemão como sendo um material indispensável, sem o qual meu ser mais íntimo não poderá nunca se mostrar. Devo assimilá-lo, organizá-lo... como sombras para a minha luz... como tons subordinados, entre os quais os tons da minha alma saltarão com vivacidade ainda maior.[11]

Este trecho é de uma carta para a mãe de Hölderlin, escrita em 1804 por seu amigo Sinclair:

> Não sou o único; há seis ou oito pessoas além de mim que encontraram Hölderlin e estão convencidas de que isto que parece ser uma perturbação mental não

---

[11] Eric Santner, *Friedrich Hölderlin: Hyperion and Selected Poems*, Nova York, Continuum, 1990, p. xxix.

é, na realidade, nada do gênero; pelo contrário, é um modo de se expressar que ele adotou deliberadamente, e por motivos muito convincentes.[12]

E este é de uma resenha de suas traduções de Sófocles, feitas em 1804:

> Como entender o Sófocles de Hölderlin? Estará ele louco ou apenas fingindo que é, ou será então que seu Sófocles não passa de uma sátira velada aos maus tradutores?[13]

Talvez Hölderlin estivesse mesmo fingindo estar louco, não sei dizer. O que me fascina é ver sua catástrofe — qualquer que tenha sido o seu nível de consciência quando a escolheu — como um método extraído da tradução, um método ordenado pela raiva ao clichê. Afinal, o que é a língua que nós falamos senão um gigantesco clichê cacofônico? Não há nada que já não tenha sido dito. Os moldes estão dados. Faz muito tempo que Adão nomeou as criaturas. A realidade já foi capturada. Quando Francis Bacon se aproxima de uma tela em branco, sua superfície vazia já está preenchida por toda a história da pintura que existiu até aquele momento, ela é uma compactação de todos os clichês de representação que existem no mundo do pintor, na cabeça do pintor, na probabilidade do que pode ser feito naquela superfície. Os véus estão operantes ali, tornando difícil enxergar qualquer coisa que não esperamos ver, difícil pintar o que já não estiver na tela. Bacon não se satisfaz esquivando-se do clichê, ou defrau-

---

[12] David Constantine, *Hölderlin*, Oxford, Clarendon Press, 1988, pp. 116-7, 381.

[13] Aris Fioretos (ed.), *The Solid Letter: Readings of Friedrich Hölderlin*, Stanford, Stanford University Press, 1999, p. 277.

dando-o com um truque qualquer de pintura; ele quer (como diz Baudrillard em seu livro sobre Bacon) "catastrofizá-lo" ali mesmo, em sua tela. Então ele faz o que chama de "marcas livres" na tela, tanto no começo, quando ela ainda está em branco, como depois, quando está em parte ou totalmente pintada. Ele usa escovas, esponjas, bastões, trapos, a própria mão, ou simplesmente atira uma lata de tinta nela. Sua intenção é perturbar a probabilidade da tela e provocar um curto-circuito no controle que ele tem sobre essa perturbação. O produto final é uma catástrofe, que ele então torna a manipular até que vire uma imagem que ele possa chamar de *real*. Ou, talvez, uma imagem que simplesmente dê para pendurar:

DAVID SYLVESTER — Você nunca finalizaria um quadro jogando algo nele, do nada. Ou finalizaria?

FRANCIS BACON — Sim, finalizaria. Naquele tríptico, no ombro da figura que está vomitando na pia tem uma borrifada de tinta branca que aconteceu exatamente assim. Foi a última coisa que fiz, e deixei do jeito que ficou.[14]

Marcas livres são um gesto de raiva. Um dos mitos mais antigos que temos sobre esse gesto é a história de Adão e Eva no jardim do paraíso. Eva muda o rumo da história humana ao fazer uma marca livre na maçã de Adão. Por que ela faz isso? Dizer que ela foi seduzida pela serpente, ou que ansiava por conhecimento absoluto, ou que buscava a imortalidade são respostas possíveis. Por outro lado, talvez estivesse catastrofizando a situação. Adão tinha acabado de completar o ato primordial de nomear as coisas, tinha dado o primeiro passo em sua tarefa de impor sobre a demência do real —

---

[14] D. Sylvester, *op. cit.*, p. 94 [o quadro em questão se chama *Triptych May-June*, de 1973. (N. da T.)].

sem limites, sentido, propósito nem direção — um conjunto de clichês que ninguém jamais seria capaz, ou teria vontade, de remover: eles são a nossa história humana, o edifício do nosso pensamento, a nossa resposta ao caos. O instinto de Eva foi morder essa resposta bem no meio.

A maioria de nós, se tivesse que escolher entre caos e nome, entre catástrofe e clichê, escolheria nomear. A maior parte das pessoas vê nisso um jogo de soma zero — como se nem houvesse um terceiro lugar que pudéssemos ocupar. Costumamos pensar que uma coisa sem nome é uma coisa inexistente. E aqui somos capazes de discernir a benevolência do intraduzível. A tradução é uma prática, uma estratégia, ou aquilo que Hölderlin chama de "ginástica salutar da mente",[15] que parece oferecer um terceiro lugar para ocuparmos. Diante de uma palavra que interrompe a si mesma, dentro desse silêncio, temos a sensação de que algo passou por nós e seguiu adiante, de que alguma possibilidade se libertou. Para Hölderlin, assim como para Joana D'Arc, essa é uma compreensão de ordem religiosa e conduz aos deuses. Francis Bacon não acredita em deuses, mas tem uma relação profunda com Rembrandt.

Uma de suas pinturas preferidas é um autorretrato de Rembrandt. Ele o menciona em várias entrevistas. O que ele diz gostar no quadro é que, quando nos aproximamos dele, percebemos que os olhos não têm órbitas.[16] Não consegui encontrar uma reprodução satisfatória desse retrato, o que talvez seja bem apropriado. É um dos trabalhos tardios de Rembrandt, mais escuro, mal distinguimos os contornos do rosto contra a sombra de fundo e, no entanto, um estranho poder emana dos olhos sem órbita. Não são olhos cegos. Es-

---

[15] D. Constantine, *Hölderlin's Sophocles, op. cit.*, p. 7.

[16] D. Sylvester, *op. cit.*, pp. 56-9; G. Deleuze, *op. cit.*, p. 25.

Variações sobre o direito de permanecer calado

tão ocupados com um ato de ver enérgico, mas não se trata de um olhar organizado do jeito habitual. A visão parece entrar nos olhos de Rembrandt *por trás*. E o que esse olhar emana em direção a nós é um profundo silêncio. Um pouco como o silêncio que deve ter se seguido à resposta que Joana D'Arc deu aos juízes quando perguntaram a ela "Em que língua suas vozes falam com você?", e ela disse:

Numa língua melhor que a de vocês.

Ou como o silêncio que permeia o último verso de um poema de Paul Celan, que será o nosso penúltimo exemplo do intraduzível. É um poema escrito em louvor a Hölderlin, e se refere à língua particular em que ele às vezes falava durante os últimos trinta e sete anos de sua vida, quando estava fora de si, ou fingindo estar. É um poema que começa com um movimento em direção à cegueira, mas termina com dois olhos sem órbita que parecem ver perfeitamente seu próprio mundinho catastrófico.

TÜBINGEN, JÄNNER

Zur Blindheit über-
redete Augen.
Ihre – „ein
Ratsel ist Rein-
entsprungenes" –, ihre
Erinnerung an
schwimmende Hölderlintürme möwen-
umschwirrt.

Besuche ertrunkener Schreiner bei
diesen
tauschenden Worten.

Käme,
käme ein Mensch,
käme ein Mensch zur Welt, heute, mit
den Lichtbart der
Patriarchen: er dürfte,
spräch er von dieser
Zeit, er
dürfte
nur lallen und lallen,
immer-, immer-
zuzu.

("Pallaksch. Pallaksch.")

TÜBINGEN, JANEIRO

Olhos con-
vencidos à cegueira.
Sua – "um
enigma é o que pro-
vém de si" – sua
lembrança de
naufragadas torres de Hölderlin, gai-
volteadas de chilros.

Visitas de marceneiros afogados
nessas
palavras soçobrantes:

Viesse,
viesse um homem,
viesse um homem ao mundo, hoje, com
a barbacesa dos

patriarcas: falasse,
falasse ele deste
tempo, e ele
só faria
balbuciar e balbuciar,
sempersempre
adiadiante.

(*"Pallaksch. Pallaksch."*)[17]

Esse poema é uma incógnita. Concentremo-nos nos enigmas do começo e do final. No começo, temos uma citação do poema "O Reno", de Hölderlin, um hino ao rio Reno. "Um enigma é o que provém de si" é uma frase que pode ser lida nos dois sentidos, inclusive de trás para a frente: o enigma é a origem ou a origem é o enigma. Origem de que, ou enigma do que, não ficamos sabendo. A ação principal do poema é uma longa oração condicional no modo subjuntivo — talvez seja contrafatual, talvez não — que parece lamentar a impotência da língua ao falar dos tempos em que vivemos. Um homem que decidisse lutar contra essa inadequação — alguém, um profeta ou um poeta — seria condenado a balbuciar a mesma palavra infinitamente. Ou, talvez condenado, mais ainda, a balbuciar algo que não é bem uma palavra.

---

[17] Tradução de Mauricio Mendonça Cardozo, em Paul Celan, *A rosa de ninguém*, São Paulo, Editora 34, 2021, p. 69. No texto original, Anne Carson oferece uma tradução sua: Tübingen, January// Eyes talked over/ to blindness./ Their — "a/ riddle is the purely/ originated" —, their/ memory of/ swimming Hölderlintowers, gull-/ whirredaround.// Visits of drowned joiners to/ these/ diving words:// Came,/ came a man,/ came a man to the world, today, with/ the lightbeard of/ the prophets: he could,/ if he spoke of this/ time, he/ could/ only stammer and stammer,/ over-, over-/ againagain.// ("Pallaksch. Pallaksch."). (N. da T.)

Segundo as pessoas que o visitaram em sua torre, Hölderlin tinha inventado o termo "Pallaksch" e às vezes o usava para dizer Sim, às vezes para dizer Não. É um termo útil nesse caso. Os poetas gostam de inventar termos úteis, quer sejam neologismos ou palavras antigas que podem cumprir funções inesperadas. É claro que há um risco na invenção linguística. Pois ela se parece com um enigma, e traz consigo a questão do que é a origem. Não conseguimos ir até o fundo dela, como não conseguimos encontrar a nascente do Reno, ou ver as órbitas dos olhos de Rembrandt, ou conhecer o significado da palavra dos deuses, *molu*. "Pallaksch, Pallaksch" deve seguir sendo o único rastro que leva a si mesma, deve permanecer intraduzível. Paul Celan a coloca entre parênteses, como se fechasse as portas do poema diante desse silêncio.

Para resumir. Sinceramente, não sou muito boa nisso de resumir. O melhor que posso oferecer é um borrão final de tinta branca. Como classicista, fui treinada para buscar a exatidão e para acreditar que é possível alcançar um conhecimento rigoroso do mundo, sem deixar resíduo. Esse resíduo, que não existe — pensar nele já me revigora. Só de pensar na posição dele, em como ele a compartilha com camadas embebidas de vazio, só de pensar em como ele se movimenta, como nunca pode parar de se movimentar, porque eu estou me movendo com ele, só de pensar em sua sombra, que é projetada por nada, e que portanto não tem em si nada (ou quase nada) de morte — só de pensar nessas coisas, tenho a sensação de me libertar. Pensem comigo: temos aqui um exercício, não exatamente um exercício de tradução, tampouco um exercício de destradução, mas algo como uma catastrofização da tradução. Vamos pegar um pequeno fragmento de um antigo poema lírico grego, para traduzi-lo e retraduzi-lo usando as palavras erradas. Uma espécie de balbucio.

Íbico, poeta lírico conhecido por seu amor pelos meninos, amor pelas meninas, amor pelos adjetivos e advérbios e também por seu pessimismo generalizado, compôs esse poema no século VI a.C., sobre sua própria experiência com Eros: ele alega sentir-se permanentemente assolado pelo desejo erótico, enquanto as outras pessoas desfrutam desse desejo de modo mais comedido ou sazonal.

[Íbico, fr. 286, *Poetae Melici Graeci*]

Na primavera, por um lado,
as macieiras da Cidônia
regadas pelo curso dos rios,
onde [fica] o jardim das virgens, intocado,
e as flores das vinhas
inchando
sob a sombra dos seus galhos
desabrocham.
Para mim, por outro lado,
em nenhuma estação Eros se aquieta.
Não, antes,
qual um vento etésio da Trácia,
de raios incandescente,
lança-se desde Afrodite,
em companhia da loucura que resseca,
negro,
inespantável,
poderosamente,
subindo desde as solas dos meus pés,
todo o meu ser vibrante [ele] faz estremecer.[18]

---

[18] In spring, on the one hand,/ the Kydonian apple trees,/ being watered by streams of rivers/ where the uncut garden of the maidens [is]/ and

[Íbico, fr. 286, traduzido com palavras tiradas do poema "Woman's Constancy" de John Donne]

Na mulher, por um lado,
esses contratos, que inconsistência e falsidade intentaram,
onde imagens de amantes [renegam as pessoas que fomos],
e verdadeiras mortes
a dormir
sob verdadeiras núpcias,
antecipam.
A mim, por outro lado,
teus votos não conquistaram.
Não, antes,
qual o mais que novo porvir
que ora se opõe,
ora se abstém,
em companhia do Amor e sua ira,
verdadeiramente,
inverdadeiramente,
se eu quisesse,
se eu pudesse,
justifica [ele] toda a minha fuga lunática.[19]

---

vine blossoms/ swelling/ beneath shady vine branches/ bloom./ On the other hand, for me/ Eros lies quiet at no season./ Nay rather,/ like a Thracian north wind/ ablaze with lightning,/ rushing from Aphrodite/ accompanied by parching madnesses,/ black,/ unastonishable,/ powerfully,/ right up from the bottom of my feet/ [it] shakes my whole breathing being. [Estão reproduzidas nas notas de rodapé as traduções originais de Anne Carson. (N. da T.)]

[19] In woman, on the one hand,/ those contracts being purposed by change and falsehood,/ where lover's images [forswear the persons that we were],/ and true deaths/ sleeping/ beneath true marriages,/ antedate./ On

[Íbico, fr. 286, traduzido com palavras da ficha de Bertolt Brecht no FBI, #100-67077]

Num coquetel reunindo comunistas notórios,
[por um lado,
o sujeito,
devidamente parafraseado como sr. e sra. Bert Brecht,
onde dez anos de exílio deixaram suas marcas,
e sob as 5 cópias do arquivo 100-190707,
Charles Laughton,
voltando aos palcos como Galileu,
entra num elevador.
O meu nome hifenado entre Eugene e Friedrich,
[por outro lado,
o FBI não tem.
Não, antes,
qual o nome de certo francês a quem
[Charles Laughton pode enviar remessas,
em companhia de uma mulher desconhecida,
que falou a um homem desconhecido,
ou em companhia de um homem desconhecido,
que falou a uma mulher desconhecida,
e caso ocorra de os cabeçalhos não estarem todos corretos,
favor conferir a página 307.[20]

---

the other hand, me/ thy vow hast not conquered./ Nay rather,/ like that
new-made Tomorrow,/ now disputing,/ now abstaining,/ accompanied by
Love and his wrath,/ truly,/ not truly,/ if I would,/ if I could,/ [it] justifies
my one whole lunatic escape.

[20] At a cocktail party attended by known Communists, on the one
hand,/ the subject/ being suitably paraphrased as Mr & Mrs Bert Brecht,/
where ten years of exile have left their mark,/ and beneath 5 copies of file

[Íbico, fr. 286, traduzido com palavras do *Fim de partida*, de Samuel Beckett]

Na sua cozinha, por um lado,
cadáveres luzentes
começam a feder a uma nova ideia,
onde [está] uma das minhas pernas
e sob cedo ou tarde
o universo inteiro
nada diz ou não funciona.
Eu, por outro lado, devo achar que não.
Não, antes,
como um pontinho no vazio,
andando de lá pra cá,
em companhia do alarme,
francamente,
zangadamente,
impacientemente,
não de todo convencido,
[ele] me dá um beijo de adeus. Estou morta. (Pausa.)[21]

100-190707,/ Charles Laughton/ returning to the stage as Galileo,/ enters an elevator./ On the other hand, of my name with a hyphen between Eugene and Friedrich/ the Bureau has no record./ Nay rather,/ like the name of a certain Frenchman to whom Charles Laughton might send packages,/ accompanied by an unknown woman/ who spoke to an unknown man,/ or accompanied by an unknown man/ who spoke to an unknown woman,/ and in the event that all the captions are not correct,/ please turn to page 307.

[21] In your kitchen, on the one hand,/ bright corpses/ starting to stink of having an idea,/ where one of my legs [is]/ and beneath sooner or later/ the whole universe/ doesn't ring and won't work./ On the other hand, I shouldn't think so./ Nay rather,/ like a speck in the void,/ pacing to and fro,/ accompanied by the alarm,/ frankly,/ angrily,/ impatiently,/ not very convinced,/ [it] kisses me goodbye. I'm dead. (Pause).

Variações sobre o direito de permanecer calado

[Íbico, fr. 286, traduzido com palavras de *Conversas com Kafka*, de Gustav Janouch, pp. 136-7]

No fim, por um lado, todos os que estão atrás de nós
[no caixa,
ocupados com a mais destrutiva e desesperançada
[rebelião que poderia existir,
onde tudo o que é humano [foi traído]
e
sob o fardo da existência,
frases feitas,
com um sorriso meigo e indefinível,
levantam suspeitas.
Por outro lado,
aquele que teme não deve se aventurar no bosque.
Não, antes,
qual exércitos modernos,
em companhia de frases sutilmente pronunciadas em
[tcheco ou alemão,
destemidamente,
pacientemente,
infelizmente,
contra mim mesmo,
contra as minhas próprias limitações e apatia,
contra esta mesma cadeira e a mesa à qual me sento,
a pena é clara: estamos condenados não à morte,
[mas à vida.[22]

---

[22] In the end, on the one hand, all those who sit behind us at the cash desks,/ being engaged in the most destructive and hopeless rebellion there could ever be,/ where everything human [has been betrayed]/ and/ beneath the burden of existence/ stock phrases,/ with a gentle indefinable

[Íbico, fr. 286, traduzido com nomes de estações e letreiros do metrô de Lisboa]

No posto de cartão urgente, por um lado, as reboleiras,
trocando velhos senhores roubados por novos ratos,
onde a leste e a oeste [cruzam a norte],
e sob o Marquês de Pombal impedido de latir na igreja,
anjos
atentados ao intervalo entre o cais e o comboio.
Por outro lado,
um passe navegante não me leva da graça aos prazeres.
Não, antes, qual a Amadora Este,
trabalhando nos jardins da Fundação Gulbenkian,
em companhia de coimas,
lumiando,
ameixoeiradas,
chelas e odivelas,
chiando,
alcantaradas,
advertem-me de que há atrasos na linha daqui
[à casa de banho.[23]

---

smile,/ arouse suspicion./ On the other hand,/ one who is afraid should not go into the wood./ Nay rather,/ like modern armies,/ accompanied by lightly spoken phrases in Czech or German,/ fearlessly,/ patiently,/ unfortunately,/ against myself,/ against my own limitations and apathy,/ against this very desk and chair I'm sitting in,/ the charge is clear: one is condemned to life not death.

[23] At the excess fare window, on the one hand, the king's bakers,/ ditching old shepherds for new elephants,/ where east and west [cross north]/ and beneath black friars forbidden from barking in church,/ angels/ mind the gap./ On the other hand,/ a multi-ride ticket does not send me padding southwark./ Nay rather, like the seven sisters/ gardening in the

[Íbico, fr. 286, traduzido com palavras do *Manual de instruções do micro-ondas Brastemp 900W*]

Em salgadinhos e tira-gostos, por um lado,
shoyu, chimichurri, molho inglês e barbecue,
já salpicados com pimenta e páprica,
onde [é desejável] um aspecto dourado
e sob a válvula magnétron
pãezinhos amanhecidos
embrulhados em bacon
ficam duros.
Por outro lado, um pão de queijo congelado
não formará casquinha.
Não, antes,
como ondas de rádio,
borbulhando,
respingando,
em companhia de você que já esfrega as mãos,
sem perfurar a embalagem de plástico,
sem interromper o cozimento para trocá-los de lado,
sem usar a pipoqueira especial,
[ele] queimará seu nariz na hora.[24]

British Museum,/ accompanied by penalties,/ tooting,/ turnpiked,/ hackneyed,/ Kentish,/ cockfostered,/ I am advised to expect delays all the way to the loo. [A versão de Anne Carson foi feita a partir de nomes de estações e letreiros do metrô de Londres. (N. da T.)]

[24] In hot snacks and appetizers, on the one hand, the soy, barbecue, Worcestershire or steak sauce,/ being sprinkled with paprika,/ where a "browned appearance" [is desirable]/ and beneath the magnetron tube/ soggy crackers,/ wrapped in bacon,/ toughen./ On the other hand, a frozen pancake/ will not crust./ Nay rather,/ like radio waves,/ bubbling,/ spat-

Bibliografia

Archimbaud, Michel. *In Conversation with Francis Bacon*. Londres: Phaidon Press, 1993.

Blanchot, Maurice. *La part du feu*. Paris: Gallimard, 1949.

Constantine, David. *Hölderlin*. Oxford: Clarendon Press, 1988.

_____. *Hölderlin's Sophocles*. Tarset: Bloodaxe, 2001.

Davies, H. M. "Interview with Francis Bacon", *Art in America*, 63, março-abril, 1975, pp. 62-8.

Deleuze, Gilles. *Francis Bacon: The Logic of Sensation*, Daniel W. Smith (trad.). Londres: Continuum, 2003.

Domino, Christopher. *Francis Bacon: Painter of a Dark Vision*, R. Sharman (trad.). Nova York: Harry N. Abrams, 1997.

Fioretos, Aris (ed.). *The Solid Letter: Readings of Friedrich Hölderlin*. Stanford: Stanford University Press, 1999.

Hölderlin, Friedrich. *Sämtlicher Werke*, D. E. Sattler (ed.). Frankfurt am Main: Roter Stern, 1975.

_____. *Hymns and Fragments*, R. Sieburth (trad.). Princeton: Princeton University Press, 1984.

Meltzer, Françoise. *For Fear of the Fire: Joan of Arc and the Limits of Subjectivity*. Chicago: University of Chicago Press, 2001.

Peppiatt, Michael. "An Interview with Francis Bacon", *Art International*, 8, 1989, pp. 43-57.

Page, Denys (ed.). *Poetae Melici Graeci*. Oxford: Clarendon Press, 1962.

Pfau, Thomas (ed.). *Friedrich Hölderlin: Essays and Letters on Theory*. Albany: State University of New York Press, 1988.

Russell, John. *Francis Bacon*. Londres: Thames & Hudson, 1971.

Santner, Eric. *Friedrich Hölderlin: Hyperion and Selected Poems*. Nova York: Continuum, 1990.

---

tering,/ accompanied by you rubbing your hands together,/ without venting the plastic wrap,/ without rearranging the pieces halfway through,/ without using the special microwave popper,/ [it] will burn your nose right off.

SYLVESTER, David. *The Brutality of Fact: Interviews with Francis Bacon*, 3ª ed. Londres: Thames & Hudson, 1987.

WARNER, Marina. *Joan of Arc: The Image of Female Heroism*. Nova York: Alfred A. Knopf, 1981.

WOOLF, Virginia. *To the Lighthouse*. Nova York: Harcourt, Brace & Co., 1927.

11.
AS ERAS DE YVES KLEIN

A Era de Ser Filho de Pintores Famosos
A Era de Contornar a Problemática da Arte
A Era de Aprender a Escrever com a Mão Esquerda
A Era do Diário Irlandês
A Era de Fazer Exercícios Rosacrucianos Toda Noite Após
o Jantar e Enviá-los por Correio à Califórnia No Dia
Seguinte
A Era de Domar os Ardis do Ego
A Era de Transfigurar Átomo por Átomo o Corpo Físico
Numa Criatura Capaz de Flutuar à Vontade pelo
Espaço Sedoso
A Era de Começar a Usar Uma Máscara Satânica Ridente
A Era das Múltiplas Vozes Trauteando no Mais Profundo
Eu
A Era de Matricular-se no Instituto Kodokan de Judô
A Era das Injeções de Cálcio e das Anfetaminas
A Era da Faixa Preta de Quarto Grau (Farsa Arranjada
Pela Tia Rose)
A Era de Ser Mimado pela Tia Rose
A Era de Os Loucos Precisam Ser Admirados
A Era de Acobertar as Crenças Rosacrucianas com o
Vocabulário da Fenomenologia para Não Ser
Ridicularizado pela *Intelligentsia* Parisiense
A Era de Decidir que a Linha Tem Inveja da Cor a Linha É
uma Turista no Espaço

A Era da Obsessão pelo Azul
A Era de Construir um Mito de Si Mesmo
A Era de Patentear o International Klein Blue (Doravante
   IKB)
A Era do Fim da Gravidade e Começo da Levitação
A Era das Pinturas de Fogo de um Minuto
A Era de Discernir o Ouro Comum do Ouro dos Filósofos
A Era de Ser Bajulado por Camus
A Era de Beber os Coquetéis do Vazio e Passar uma
   Semana Urinando Azul
A Era de Não Ser Realmente Livre neste Mundo
A Era de Perceber que o Rosacrucianismo É uma Perda de
   Tempo e Trocá-lo por Bachelard
A Era de Ficar de Orelhas em Pé à Porta do Céu
   Devorador
A Era de Decidir o que Fazer em Relação ao Fogo
   Confiscá-lo ou Jogar-se Nele
A Era das Técnicas Trágicas com Garotas
A Era dos Imensos Relevos com Esponjas
A Era de Ninguém Conhecer os Perigos das Resinas
   Sintéticas ou de Trabalhar Doze Horas por Dia Sem
   Máscara
A Era de Viajar à Cássia e Deixar Quatro Lingotes de Ouro
   para Santa Rita
A Era de Escrever Cartas para Eisenhower e Khruschóv
   Anunciando o Fim do Governo Francês
A Era de Propor Projetos de uma Cidade Feita de Correntes
   de Ar Comprimido
A Era de Pedir um Citroën para a Tia Rose
A Era de Preencher Páginas do seu Caderno com a Palavra
   "Humildade"
A Era dos Conflitos Egoicos Com Seus Amigos
A Era de Descobrir que o Mito de Si Mesmo Deve Ser
   Sustentado Até o Fim (Sacrifício)

A Era de Não Ter Nenhuma das Qualidades Esperadas de
um Pintor de Monocromias Como a Serenidade ou o
Equilíbrio

A Era de Sentir seu Mundo Interior Contraindo-se e
Formando Uma Só Textura

A Era de Retirar Todas as suas Obras da Galeria e
Informar aos Compradores que De Agora Em Diante
as Pinturas São Imateriais (Mas Podem Ser Compradas
com Cheques Materiais)

A Era de Ficar Parado na Margem do Sena Vendendo
Ingressos para o Outro Lado do Céu por Uma
Quantidade de Ouro que Será Imediatamente Atirada
ao Rio

A Era de Falar para Cada Vez Menos Pessoas Sobre o seu
"Sistema" ou os seus "Fundamentos Proféticos"

A Era de Conhecer Bachelard Ser Chamado de Louco e
Expulso do Apartamento dele

A Era de Dar uma Palestra na Sorbonne sobre a Evolução
da Arte Rumo ao Imaterial e Propor a Reformulação
do Clima Geral da França

A Era das Obras Chamadas Monogold

A Era do *Voyeur* que com um Aceno de Mão Instrui
Garotas Nuas a se Besuntar com Tinta Azul e se
Estampar em Folhas de Papel Enquanto Ele Mantém
uma Distância Objetiva

A Era de Pôr uma Tela debaixo da Chuva

A Era (continuação) de Pedir Dinheiro à Tia Rose

A Era de Largar o Judô

A Era de Perder o Equilíbrio Interior

A Era de Ser Considerado Paranoico Pelos Amigos

A Era de Voltar àquele Velho Sonho de Voar

A Era da Famosa Fotografia (Saltando de Uma Janela do
Segundo Andar) que Mostra o Corte da Montagem ao
Longo do Parapeito sob os seus Pés

As Eras de Yves Klein

A Era de Ninguém Acreditar no seu Salto
A Era de Encenar um Segundo Salto com Redes e
   Fotógrafos e uma Dúzia de Judocas para o Segurar
A Era de Não Perceber o Quão Comovente Você É com
   seus Falseamentos e Anseios
A Era de *Dimanche o Jornal de Um Dia Só* um Jornal
   Falso Distribuído nas Bancas de Paris numa Manhã de
   Domingo e Repleto de Textos Escritos em Noites
   Insones com a Intenção de Evitar que o Desespero
   Dilacere Você
A Era de Paredes de Fogo e Fontes de Fogo e de Pintar com
   Fogo
A Era de Precisar de Cada Vez Mais Plateia ao seu Redor,
   Amigos, Garotas, Criados
A Era de (Enfim!) uma Exposição em Nova York (Castelli,
   1961) Coincidindo com o Primeiro Voo Tripulado
   para o Espaço
A Era das Resenhas Mordazes em Nova York
A Era de Sovar um Crítico de Arte Nova-Iorquino com
   Golpes de Judô
A Era de Atirar em Tubarões com um Rifle na Baía de São
   Francisco
A Era de Desistir da Tinta e Trabalhar com o Suor ou o
   Sangue das Modelos Sendo o Sangue Menstrual o
   Mais Poderoso
A Era de um Jovem Imitador Japonês de Klein Morrer
   Saltando da Janela
A Era de Decidir que as Estampas de Sangue São
   Diabólicas e Então Queimá-las
A Era de Casar com sua Namorada
A Era de Permitir que um Diretor Italiano Faça um Filme
   sobre a sua Vida e Obra Filme que o Diretor
   Transformará numa Comédia Grotesca (*Mondo Cane*)
   e Exibirá em Cannes

A Era (continuação) de Chiliques Terríveis e de
  Empalidecer
A Era da Súbita Dor no Peito
A Era de Pagar Todas as suas Dívidas Responder Todas as
  suas Cartas e Escolher um Nome para o seu Filho que
  Ainda Não Nasceu
A Era de Trocar de *Marchand* De Repente
A Era de uma Misteriosa Batida na Porta às Três da Manhã
A Era da Decisão de Só Fazer Obras Imateriais de Agora
  em Diante
A Era do Ataque Cardíaco ao Fim da Tarde
A Era de seus Amigos Suspeitarem que Você Não Morreu
  Apenas Orquestrou o Próprio Desaparecimento
A Era de Receber Elogios Fúnebres de Pessoas que Citam
  Todas Elas Mallarmé
A Era dos Diferentes Pontos de Vista Sobre o Que Você
  Teria Feito Caso Tivesse Vivido Mais

SOBRE OS TEXTOS

1. "Desejo e sujeira" (1999) — "Dirt and Desire: The Phenomenology of Female Pollution in Antiquity", em James I. Porter (ed.), *Constructions of the Classical Body*, Ann Arbor, University of Michigan Press, pp. 77-100; republicado em *Men in the Off Hours*, Nova York, Alfred A. Knopf, 2000, pp. 130-52.
2. "Tempo comum" (1997) — "Ordinary Time: Virginia Woolf and Thucydides on War", *Brick: A Literary Journal*, 57, pp. 23-5; republicado em *Men in the Off Hours*, pp. 3-8.
3. "Candura" (2011) — "Candor", *Bomb*, 116, p. xxiv; republicado em *Float*, Nova York, Alfred A. Knopf, 2016, pp. 53-5.
4. "Descriação" (2002) — "Decreation: How Women Like Sappho, Marguerite Porete, and Simone Weil Tell God", *Common Knowledge*, 8, 1, pp. 188-203; republicado em *Decreation*, Nova York, Alfred A. Knopf, 2005, pp. 155-83.
5. "Ensaio sobre aquilo em que eu mais penso" (1999) — "'Essay on What I Think About the Most', 'Essay on Error (2nd Draft)'", *Raritan*, 18, 3, pp. 49-54; republicado em *Men in the Off Hours*, pp. 30-6, 37.
6. "Toda saída é uma entrada" (2004) — "Every Exit Is An Entrance (A Praise of Sleep)", *Prairie Fire*, 25, 3, pp. 6-21; republicado em *Decreation*, pp. 17-42.
7. "Totalidade: a cor do eclipse" (2004) — "Totality: The Color of Eclipse", *Cabinet*, 12, pp. 35-6; republicado em *Decreation*, pp. 147-54.
8. "Espuma" (2001) — "'Foam (Essay on Rhapsody): On the Sublime in Longinus and Antonioni', 'The Day Antonioni Came to the Asylum'", *Brick: A Literary Review*, 68, pp. 143-9; republicado em *Decreation*, pp. 43-57.
9. "Desprezos" (2009) — "Contempts", *Arion: A Journal of Humanities and the Classics*, Trustees of Boston University, 16, 3, pp. 1-10; republicado em *Float*, pp. 121-33.
10. "Variações sobre o direito de permanecer calado" (2013) — "Variations on the Right to Remain Silent", em *Nay Rather*, Londres, Sylph Editions; republicado em *Float*, pp. 15-34.
11. "As Eras de Yves Klein (2013)" — "Eras of Yves Klein", *The New Republic*, março, pp. 58-9; republicado em *Float*, pp. 35-9.

SOBRE A AUTORA

Anne Carson nasceu no Canadá e ganha a vida dando aulas de grego antigo.

SOBRE A TRADUTORA

Sofia Nestrovski (São Paulo, 1991) é mestre em Letras pela Universidade de São Paulo, com dissertação sobre o poeta William Wordsworth. É autora de *A história invisível* (Fósforo, 2022, semifinalista do prêmio Oceanos) e da história em quadrinhos *Viagem em volta de uma ervilha* (com Deborah Salles, Veneta, 2019). De 2017 a 2019, assinou a coluna semanal "Léxico", do jornal digital *Nexo*. Ao lado de Leda Cartum, escreve e conduz o podcast *Vinte mil léguas: o podcast de ciências e livros* (produzido pela Livraria Megafauna), cuja primeira temporada foi transformada em livro, *As vinte mil léguas de Charles Darwin: o caminho até "A origem das espécies"* (Fósforo, 2022). É curadora de exposições científicas e traduziu autores como Anne Carson, Virginia Woolf, Charles Darwin e Lafcadio Hearn.

ESTE LIVRO FOI COMPOSTO EM SABON,
PELA FRANCIOSI & MALTA, COM CTP DA
NEW PRINT E IMPRESSÃO DA GRAPHIUM
EM PAPEL PÓLEN NATURAL 80 G/M² DA
CIA. SUZANO DE PAPEL E CELULOSE PARA
A EDITORA 34, EM JUNHO DE 2025.